གངས་ལྗོངས་
གནའ་དགོན།

雪域古寺

—— 唐召明◎著 ——

中国出版集团公司
華文出版社

图书在版编目（CIP）数据

雪域古寺 / 唐召明著. —北京：华文出版社，2021.12

ISBN 978-7-5075-5288-1

Ⅰ.①雪… Ⅱ.①唐… Ⅲ.①喇嘛宗—寺庙—西藏—画册 Ⅳ.①B947.275-64

中国版本图书馆CIP数据核字（2020）第078306号

雪域古寺

著　　者：唐召明
责任编辑：宋军占　雷　平
出版发行：华文出版社
社　　址：北京市西城区广外大街305号8区2号楼
邮　　编：100055
网　　址：http: //www.hwcbs.com.cn
电　　话：总编室010-58336239　发行部010-58336238
　　　　　责任编辑010-58336225
经　　销：新华书店
印　　刷：北京博海升彩色印刷有限公司
开　　本：787 mm×1092 mm　1/16
印　　张：20.25
字　　数：200千字
版　　次：2021年12月第1版
印　　次：2021年12月第1次印刷
标准书号：ISBN 978-7-5075-5288-1
定　　价：88.00元

前言

2500多年前，净饭王太子乔达摩·悉达多在菩提树下证悟，佛法得以在世间传播。1000多年前，因缘际会，佛法从中原大陆和古印度传入雪域高原，与当地独特的自然地理环境和传统文化相融合，逐渐发展成为藏传佛教，并形成不同的教派。这些教派各具特色又相得益彰，成为世界屋脊上耀眼的文化宝藏。

很多人不远千里乃至万里来到西藏，想用自己的眼睛、耳朵和心灵去体验、感悟藏传佛教，却常常在高原迷失了自己：他们可能会毫无防备地陷入各种文化标签，也可能被一大堆佛学名词所淹没，又或者被造型奇特的各种造像所吸引，却终因时间仓促而难以对藏传佛教的寺院有更广泛深入的了解。

这样旅行的尴尬之处在于人们在匆忙之中接触到的西藏寺院文化往往只是一鳞半爪，那些鲜明深刻的印象会随着时光的流逝渐渐变淡，而有些自以为亲眼所见、亲身体验的真实感受，也会随着认知的开阔与心灵的丰富而变得不再那么千真万确。

还有些人，因为体力或者经济的原因，一生也不大有机会踏上世界屋脊。对他们而言，藏传佛教寺院只是一个宽泛的概念，甚至是遥远的传说。

人们渴望有一种简明扼要又全面系统介绍藏传佛教寺院文化的书籍，能图文并茂地展现寺院文化的方方面面。

30多年来，我作为一名摄影记者，在藏工作多年并数十次进藏采访，拍摄了大量西藏寺院图片。尤其是20多年前，在中国佛教协会的邀请下，我曾跋山涉水，为《中华佛教二千年》大型画册系列拍摄了数千张珍贵图片。

为了方便更多有缘人，我精选了不同教派具有代表性的50座寺院，敬献8万余字、约400张图片，结集成册，希望能帮助读者更深入广泛了解藏传佛教寺院。

这本书既可以作为人们到西藏旅行的行前指南，也可以作为记录西藏寺院珍贵照片的文献，方便读者随时查阅，随时找回属于自己的“西藏记忆”。

西藏寺院发展的鼎盛时期是10—17世纪的700年，这一时期相继形成宁玛、萨迦、噶举、格鲁、觉囊等教派并有了自己的寺院。除了拉萨甘丹寺、哲蚌寺和色拉寺三大寺及日喀则的扎什伦布寺外，还有托林寺、萨迦寺、楚布寺、直贡梯寺、桑耶寺、白居寺等著名寺院。

雪域高原的这些寺院也是风格各异的艺术杰作。大昭寺、萨迦寺是平川式建筑的代表，殿堂屋瓦及四周装饰用铜镏金制成，大殿的梁、枋、柱、门楣处布满飞天、禽兽等浮雕和彩绘。依山建筑一般顺山势而起，上下衔接，佛殿、经院、僧舍、灵塔纵横交错。一些寺院建筑还兼容并包地吸取了印度、尼泊尔和中国内地的建筑风格。

寺院中的佛像神像，有的高数十米，有的手掌大小，其造型之美、技巧之高、装饰之华丽，达到惊人的程度。各类造像原料繁多，金、银、玉石、象牙、香木、宝石、陶瓷等各类材质兼备，佛陀、菩萨等造像极尽智慧、技艺、财力之能，千百年来受到信徒们的虔诚供奉。

绘画艺术也是寺院文物的重要组成部分。寺院绘画主要有壁画和唐卡。壁画描绘的内容多为宗教题材故事及历史、民俗，颜料为传统的矿物，即石黄、石绿、石青、朱砂，并调入动物胶和牛胆汁，色泽经久不褪。唐卡是彩缎装裱成的一种卷轴画，最早出现在7世纪，兴盛于明清。唐卡风格各异，有的雍容华贵，有的色彩绚丽，多在布、纸和绢面、皮革上绘画，还有一些系刺绣、贴花、织锦和宝石缀制而成，艺术价值极高。

直到今天，我还记得自己第一次扛起相机走入寺院大殿拍摄佛像、唐卡的画面，那是初见，又恍若重逢。

当我在办公桌前为撰写本书扫描整理图片档案的时候，记忆从脑海深处涌出，每一尊佛像、每一幅唐卡、每一座寺院都带着岁月的沧桑与历史的温度。我很感激与他们的相遇，也期望本书能带给您个人专属的生命体验和美好的遇见！

唐召明

2021年1月

目录

山　南

日喀则

昌　都

林 芝

那 曲

阿里地区

西藏宗教概况

藏传佛教寺院，是西藏宗教文化的荟萃之地。它发端于藏民族的历史深处，凝聚着藏族人民的深厚感情。从藏南谷地到藏北草原，从三江流域到冈底斯山下，大大小小众多不同规模和不同教派的寺院，在这片广袤的土地上构成了一幅奇特壮丽的画卷，包括人类与自然、历史与文化、宗教与传统等方方面面。翻开它，我们仿佛可以听见一个古老民族的历史回声。

四大教派的形成与特点

7世纪，佛教从中国内地和印度传入西藏，历经数次毁灭和复兴，佛教在西藏得以生存和发展，并且自成一体，形成独具特色和具有丰富内涵的藏传佛教。

藏传佛教，又称藏语系佛教，属大乘佛教，密宗传承为主要特色。藏传佛教宗派很多，但总的分为两大类，这就是宁玛（旧派）和萨玛（新派）。在此基础上形成四大教派，即以信守古老宗教教义为特征的宁玛派和以遵循新的密宗教义为特征的萨迦、噶当、格鲁教派。噶当派后因宗喀巴大师融合此教派而创立格鲁派，该教派寺院和信徒也都改宗为格鲁派，故此教派已不复单独存在，如改宗的林周县热振寺、琼结县唐波且寺等。此外，小众的觉囊派亦延传至今。还有一些小教派，如觉域、希解、郭扎等，由于无强大政治势力作靠山，势小力弱，先后融于其他教派或被迫改宗其他教派，已消失于历史长河之中。

藏传佛教发展至今，现有宁玛（红教）、噶举（白教）、萨迦（花教）、格鲁（黄教）四大教派，以及觉囊派。有学者想把现在的苯教（也有写“本”“笨”的），也列入藏传佛教，但一直未被多数学者所认同。

宁玛派是藏传佛教最古老的教派。它的历史可追溯到8世纪吐蕃赞普赤松德赞时期的莲花生大师。宁玛派作为一种有系统教义、寺院和僧侣组织的正式教派形成于11世纪，直到16世纪，在西藏统治者的大力扶植下有了显著的发展，并出现了规模比较大的寺院——扎囊县敏珠林寺、贡嘎县多吉扎寺等。因该派僧人均戴红帽，故又称为红帽派，俗称红教。

11世纪，由玛尔巴和米拉日巴师徒传承下来的教派称为噶举派。由于这个教派在传承密宗时注重口耳相传，故作举之称（藏语“噶”字本意指佛语，“举”字则意为传承），又因该派僧人多穿白色衣裙，故又俗称白教。米拉日巴作为一个著名的宗教实践家，为该派的传播和形成作出了很大贡献。自米拉日巴起，专居荒郊进行苦修成为该教派的一大特色。许多僧侣终身留发，头顶发髻，常进山洞修行。噶举派后来分化出“四大支、八小支”，使该教派成为藏区支系最多的教派，但最后保存下来的只有几个教派，即噶玛噶举（分黑帽系和红帽系两派）、直贡噶举、达隆噶举、竹巴（帕竹）噶举等。每个支派以一个主要寺院作为据点和中心，称为母寺或主寺，如噶玛噶举以拉萨西部的楚布寺为主寺，直贡噶举以拉萨东部的直贡梯寺为主寺等。

1073年，昆·贡却杰布创建萨迦寺，由此形成萨迦教派。又因此派寺院围墙涂有象征文殊、观音和金刚手菩萨的红、白、黑三色条纹，故又俗称花教。该教寺主由家族世代相承，不禁娶妻和生儿育女。修习显、密二法，而以秘法传承，至元代萨迦派势力最盛。1247年，萨迦四祖贡噶坚赞应元朝的前身蒙古汗国的王子阔端召请，在凉州（今甘肃武威）与阔端议定了西藏归顺的条件，并致信西藏僧俗各界予以施行。1271年元朝建立，自此西藏地方正式纳入元朝等历代中央政府的管辖。萨迦派第五代祖师八思巴被元世祖忽必烈封为帝师，领宣政院事，执掌西藏地方的政教大权。西藏历史上“政教合一”的统治由此教派开始。

格鲁派是15世纪初，由宗喀巴大师对噶当派进行改革而创立的。该教派主张僧众严持戒律，学经要遵循次第，崇尚苦行，讲究因果报应，禁止娶妻等，所以藏语称作“格鲁派”，意为“崇善派”。又因宗喀巴用黄帽“重振戒律”，所以又叫黄帽派，俗称黄教。

格鲁派实行活佛转世制度，达赖和班禅就是这一教派为首的两大转世活佛。在清朝时期，中央政府规定达赖、班禅的活佛转世，均须经金瓶掣签产生，并报呈中央政府颁令认定，免于金瓶掣签也需中央政府批准。

藏传佛教的源流

从整个藏传佛教的发展历史来看，大致有如下轨迹。

7世纪初，藏王松赞干布建立吐蕃王朝，与唐朝文成公主和尼泊尔赤尊公主联姻，使佛教从汉地和南亚传入西藏。两位公主都从自己家乡带来了一尊释迦牟尼佛像，并在西藏兴建了小昭寺、大昭寺等寺院。可以说这是西藏寺院发展史的开端。

755年，藏王赤松德赞继位后大力兴教，创建了西藏第一座佛法僧三宝俱全的桑耶寺。

苯教是古代藏族人民崇信的一种原始宗教，起源于西藏高原古老的民间自然崇拜。在佛教还没有传入中国时，它已经存在了。自从佛教传入，佛教与苯教之间的斗争几乎从未间断。

838年，藏王达摩（朗达玛）继位后，因为佛教和苯教两教的“佛苯之争”，开始大肆灭佛，焚经毁寺，逐走僧人。从松赞干布兴佛至达摩灭佛，这一时期被称为佛教发展史上的“前弘期”。

842年，达摩被僧人刺死，吐蕃王朝土崩瓦解，奴隶和平民暴动遍及全境。自此西藏高原陷入漫长的分裂局面，社会向封建制度发展。此后百余年，佛教在西藏高原几乎绝迹，致使今天很少能够见到早期的寺院。

978年以后，西藏佛教在一些新兴封建主的扶持下再度兴起，称为藏传佛教发展史上的“后弘期”。寺院有了长足发展，形成了许多教派和教派支系。建成了托林寺、萨迦寺、楚布寺、直贡梯寺、嘎玛寺、甘丹寺、哲蚌寺、色拉寺、白居寺、扎什伦布寺等，西藏寺院进入全盛时期。

17世纪后，即从第五世达赖喇嘛阿旺罗桑嘉措起，主要是扩建、修葺著名寺院，并修建了罗布林卡、药王山、功德林等宗教场所。据西藏民主改革时的调查统计，西藏当时共有2626座寺院。

寺院的特点与发展

寺院在藏语里被称为“贡巴”或“拉康”，包括经堂、僧舍和举行宗教活动的广场等。

西藏寺院数量众多，建筑庄严。有的结构恢宏，有的小巧精致，装饰精美，具有浓郁的民族风格和地方特色。它是随着佛教在西藏的传播而逐渐建立起来的。在此过程中，许多寺院仿照或吸收了印度、中国内地寺院建筑的形式和手法，但其结构仍然是在石砌或土筑碉楼的基础上发展变化而来的，使功能、结构和艺术达到了和谐统一。

西藏寺院建筑吸收了内地寺院的不少做法，许多寺院具有封闭式的特点。具体可分为实体式、天井式、廊院式、都纲式，其中，以都纲式为最具建筑成就代表。所谓都纲式建筑，即平面呈“回”字形，中部升高，四周是回廊的形制。这种形制外形气派，殿内立柱纵横交错，中部采光充足，整体显得十分厚重。如哲蚌寺措钦大殿就有立柱183根，其中支撑着中部屋顶的柱子挺直高昂，更是增加了几分神圣色彩。

西藏寺院大都由具有不同功能的单体建筑单元构成。一为“措钦”（大经堂），是全寺僧人集会的场所，也是寺院的最高管理机构，其门廊宽敞，外墙设转经道；二为“扎仓”，是相对独立的学院，由庭院、回廊、经堂、佛殿等组成；三为“拉康”，平面呈方形，高者可达四五层，通常位于寺院的中心位置，为供奉佛像的场所，四周有封闭的院墙和转经廊；四为“拉让”，有独立的院落，设有经堂和佛殿，是供活佛居住的地方，其规模取决于活佛的地位，达赖、班禅居住的地方称“颇章”；五为“辩经台”，建有敞厅，供主考官落座，周围是广场，这是供活佛和僧人考试辩经的地方；六为“佛塔”，标志性建筑，其高者可达30多米，一般为白色，常见于寺院中心或寺院附近；七为“灵塔”，存放活佛高僧的尸骨，供奉于灵塔祀殿，装饰华丽。

当然，在历史的长河中，西藏寺院有兴有衰。这里面有自然因素，也有人为因素。现在，有些寺院基本保存完好，有些已经荡然无存，还有些正在恢复重建。

十年“文化大革命”中西藏寺院与全国寺院一样受到了冲击，有些寺院遭到了不同程度的破坏。

1978年，中国共产党召开第十一届三中全会，实现了指导思想上的拨乱反正，宗教信仰自由政策得到重新落实。1980年以来，国家每年都要拨专项资金和黄金、白银等用于西藏寺院的修复和保护，至今已累计投入14多亿元，对布达拉宫、大昭寺、扎什伦布寺、雍布拉康、昌珠寺、桑耶寺、哲蚌寺、色拉寺、甘丹寺、萨迦寺、白居寺、夏鲁寺等进行了大规模维修。

目前，西藏有藏传佛教各教派寺院1700多座，住寺僧尼4.6万多人，基本满足了信教群众的正常宗教生活。除此之外，西藏还有清真寺4座，天主教堂1座，并有为数不多的伊斯兰教和天主教信众。许多寺院不仅实现了通水、通电，而且还全部实现了通电话。

藏传佛教各教派均有不同的修习系统。目前，格鲁派的祖庭甘丹寺，宁玛派的主寺多吉扎寺、敏珠林寺，萨迦派的祖庭萨迦寺，噶举派的楚布寺、直贡梯寺等，都是各教派的修学中心，也成为各教派信众的重要信仰中心。

藏传佛教的传统节日丰富多彩，“默朗钦莫”(传昭法会)、佛陀神变节、萨嘎达瓦节(佛吉祥日)、拉姆德钦节(神降节)、甘丹阿曲节

（燃灯节）及由宗教节日演变而来的雪顿节，各教派祖师忌辰等，已成为藏传佛教宗教活动的重要组成部分。另外，各寺院具有自身特点的独特节日，如哲蚌寺的晒佛节、色拉寺的金刚橛节、扎什伦布寺的展佛节等都举办得红红火火。

藏传佛教绘画和唐卡艺术形成了许多著名的艺术流派，其中勉唐画派、钦则画派和噶玛嘎孜画派（嘎孜画派）被称为藏传佛教绘画或唐卡艺术的三大流派。这三大画派艺术已被列入第一批国家级非物质文化遗产名录。

从1961年至今，大昭寺、布达拉宫、甘丹寺、哲蚌寺、色拉寺、小昭寺、聂塘卓玛拉康、强巴林寺、昌珠寺、桑耶寺、扎塘寺、贡嘎曲德寺、达吉林寺、萨迦寺、扎什伦布寺、夏鲁寺、白居寺、托林寺、科迦寺等先后被国务院列为全国重点文物保护单位。

2000年以后，联合国教科文组织还将大昭寺和罗布林卡作为布达拉宫的扩展项目列入《世界遗产名录》，使之成为世界文化遗产而大放异彩。

拉　萨

佛祖殿堂

——拉萨大昭寺

大昭寺是拉萨老城最醒目的建筑。

在藏传佛教寺院中，大昭寺建筑规模虽然不是很大，但其地位和影响却独占鳌头，令其他所有寺院难以望其项背。大昭寺在藏传佛教信徒心中具有无比神圣的地位，为藏传佛教各教派所共同崇奉，拉萨老城区就是以它为中心而形成的。

大昭寺正面的凹形门廊里，有8根大柱子，已被虔诚的信众触摸的黝黑发亮。它的旁边总有信众全身伏地、朝圣拜佛。

这座建于7世纪中叶（647）的古建筑，距今已有1300多年，其建筑面积为25100多平方米，占地面积为13000多平方米，其核心建筑是始建于

从大昭寺金顶俯瞰诵经活动，左上角不远处为布达拉宫

·看点提示·

拉萨主要的转经活动以大昭寺的释迦牟尼佛像为中心而进行，除大昭寺里的“内圈”外，围绕大昭寺则为“中圈”即“八廓”，也就是古老而热闹的商业街——八廓街。在拉萨，藏族群众也喜欢将以大昭寺为主的八廓街一带称为“拉萨”，藏语意为佛地，你可以按照顺时针方向（不要逆转）在这里转经与购物。“八廓”外围还有圈更大、更长的转经路，称为“林廓”。

从大昭寺金顶可以遥望不远处的布达拉宫，对于旅游者来说，是一个非常好的摄影角度。

吐蕃时期，西藏现存的最辉煌建筑。在藏语里，大昭寺叫“觉康”或“祖拉康”，意为供奉佛祖释迦牟尼的殿堂。“觉”为释迦牟尼像专用尊称，而部分藏区和蒙语中，又将此词读为“昭”。“康”在这里指殿堂舍宇。

据说，吐蕃赞普（藏王）松赞干布率众迁都拉萨时，由八瓣莲花山环围的拉萨平原之间，好似一个巨大的魔女仰天而卧。远嫁吐蕃的文成公主占卜后认为，在此处填湖建寺可以镇魔。史书载：“为了使仰天躺在地上的女魔四肢受到控制，人们在她身上钉了12根钉子用以固定。”这12根钉子相传就是现今的大昭寺主殿内的12根柱子。

大昭寺外景

大昭寺广场上高高竖立的玛尼杆

大昭寺金顶群

大昭寺大经堂建寺时的早期木柱

在藏王松赞干布下令填湖建寺过程中，使用白山羊驮土运输，为使后人记住山羊的运土功绩，故大昭寺门口木栅栏内塑有两只白山羊，并称该寺为“惹萨”（山羊驮土）。后来“拉萨”之称由“惹萨”衍化而来。

大昭寺建成之初仅用来藏经、供佛，共有8个殿堂。吐蕃时期，由于佛教与苯教间的“佛苯之争”，加之不同时期控制拉萨的地方势力交替更迭，大昭寺在历史上经过了数次磨难。元明以后，尤其是1409年以来，大昭寺经多次修葺扩建，才形成今天的规模。

大昭寺最初是松赞干布为供奉尼泊尔赤尊公主带来的释迦牟尼8岁时的等身佛像所建。它北边是小昭寺。文成公主当年从长安带来一尊释迦牟尼佛12岁时的等身佛像，原来供奉在小昭寺。后来唐代金城公主远嫁到吐蕃后将它移到大昭寺，由此使得大昭寺的地位更加显贵，成为藏传佛教信徒心目中无比神圣的殿堂。

大昭寺前方是遥遥相望的布达拉宫，寺前护栏内是著名的唐蕃会盟碑、“唐柳”新枝和“劝恤种痘碑”（从右至左）

大昭寺主殿供奉的这尊释迦牟尼佛12岁等身像，为唐文成公主从长安带入西藏

大昭寺的建筑由门楼、佛殿、回廊、天井、庭院、僧舍等组成。其中，佛殿的一、二层是唐代建筑。地砖、木柱、门楣、木雕多为7世纪的原物；佛殿的三、四层及其他附属建筑是11世纪以后多次改扩建而成的。佛殿是大昭寺的主体，也是精粹所在，现高4层。佛殿中部是空间高敞的覆顶天井，一层正面是主殿及配殿。主殿位居大殿一层深处正中，供奉着文成公主当年从长安带来的高1.5米的释迦牟尼佛12岁时的等身像。主殿两旁，是无量光佛殿和强巴佛殿；横向中轴线两侧供奉的多是释迦牟尼佛的各种化身，左边一排佛殿正中供奉着不动金刚身像，右边一排佛殿正中供奉的是千手千眼观世音菩萨像。除主殿及其配殿，各层各面有几十个向内辟门、大小20余平方米的拉康。其中最有影响的是位于二层西面的法王拉康，里面有松赞干布、文成公主、赤尊公主

以及吐蕃名臣禄东赞、藏文创制者吞米·桑布扎等的塑像，还有传为吐蕃时期遗物的鸟头大茶壶及大量壁画等。

围绕佛殿的是庭院式转经回廊，这就是相对于环大昭寺外墙一圈的“八廓”（中间转经道）的著名“囊廓”（寺内转经道）。这里铜质转经筒一个挨一个，环周分布；沿回廊两侧的墙壁上，绘满了壁画，因而也被称为“千佛廊”。

大昭寺描绘唐代文成公主远嫁吐蕃时，携带着释迦牟尼佛12岁等身像一路远行的壁画

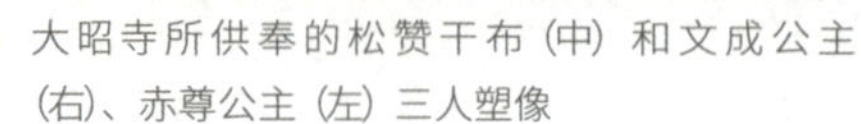

大昭寺所供奉的松赞干布（中）和文成公主（右）、赤尊公主（左）三人塑像

信众在转“囊廓”（寺内转经道）

大昭寺金顶是13世纪以后的建筑，在布局上意在突出释迦牟尼佛殿。此殿的金顶建造高大，上面的雕饰物也有意做了区别。4个金顶都是汉地的单檐歇山式，覆盖着镏金铜瓦，四周雕着摩羯鱼和火焰宝珠。金顶上排列着3个精致的金瑞（莲花宝瓶），代替了汉式建筑的吻兽，这为该寺一大特色。

大昭寺有数不清的历史文物和艺术珍品。比如，各种铜制造像数量庞大，名类甚多。有不少是带有唐代造型风格的造像。还有大批有明确纪年文字、形态复

大昭寺单檐歇山式金顶上排列着3个精致的金瑞，代替了汉式建筑的吻兽，这为该寺一大特色

清朝颁赐的“金本巴瓶”，用于确认活佛转世灵童的掣签仪式。两个金瓶，一个在拉萨大昭寺（前），一个在北京雍和宫（后）。2007年以后，两瓶首次在拉萨合放

大昭寺前护栏内的著名唐蕃会盟碑

杂的明代造像。数百轴唐卡珍品中，以明朝永乐皇帝所赐的有题款的胜乐金刚唐卡和大威德金刚唐卡为稀世珍品，两幅唐卡皆为彩线刺绣。寺内还藏有一套计54箱108函的理塘版朱印《大藏经》，甚为珍贵。

珍藏于大昭寺的金本巴瓶即金瓶，为清代乾隆五十七年（1792）所赐，系金质铸造，通高34厘米，通体由莲瓣纹、如意头纹、缠枝纹等图案组成，并镶嵌各种宝石，瓶口内插签筒，签筒内放置如意头象牙签五支。凡遇活佛转世时，须将若干“灵童”名字以满、汉、藏三种文字书于象牙签上，置于金瓶中掣定，而后报经中央政府批准，成为定制。

闻名中外的唐蕃会盟碑或称甥舅和盟碑，矗立在大昭寺正门前。它为纪念长庆元年至二年（821—822）唐蕃会盟而立，所以也叫长庆会盟碑。它用藏、汉两种文字将盟文刻于石碑，其碑文写道：“大唐文武孝德皇帝与大蕃圣神赞普舅甥二主商议社稷如一，结立大和盟约，永无沦替，神人俱以证知，世世代代使其称赞，是以盟文节目题之于碑也。”为西藏与中国内地亲密关系的历史见证。

除此之外，大昭寺每年从藏历

正月初四开始举行传昭大法会（祈愿大法会），一直持续到藏历正月二十五，这个法会由藏传佛教一代宗师宗喀巴于1409年所创。

1961年，大昭寺被国务院列为第一批全国重点文物保护单位；2000年11月，联合国教科文组织将它作为布达拉宫的扩展项目列入《世界遗产名录》，成为世界文化遗产。该寺现有僧侣120人左右。

大昭寺传昭大法会上，翁则（领经师）在领诵经文。格贵（铁棒喇嘛）手持空心铁棒维持秩序

大昭寺建筑的红色柽柳墙与人首鸟身的妙音鸟铜像

·延伸近邻·

布达拉宫是闻名于世的宫殿建筑。这个坐落在拉萨红山上的宫堡式建筑群，总建筑面积为138025平方米，共有大小房屋2000多间，主体建筑高达115.7米。布达拉宫称得上是一座浩瀚的博物馆。许多珍贵文物价值连城。

布达拉宫同时也是藏传佛教的圣地，每年至此的朝圣者及旅游观光客不计其数。1961年3月，布达拉宫被国务院列为首批全国重点文物保护单位；1994年12月，布达拉宫被联合国教科文组织列入《世界遗产名录》。

布达拉宫为何称为宫而不称寺呢？据史料记载，吐蕃时期，松赞干布就在这座山上修建了宫堡。清初，康熙皇帝下令调遣内地百余名能工巧匠协同西藏当地工匠对布达拉宫进行了全面扩建。五世达赖喇嘛阿旺罗桑嘉措于1653年入住布达拉宫。自那时起，布达拉宫成为西藏“政教合一”的统治中心和历代达赖喇嘛居住的冬宫，从而称作布达拉宫而不称作布达拉寺。既然它是宫殿，不是寺院，故只在此提及，也就不在书中单独介绍了。

布达拉宫雄姿

俯瞰布达拉宫

登顶的布达拉宫石级路

布达拉宫内西殿壁画，再现了1652年五世达赖喇嘛应召晋京，觐见清顺治皇帝时的情境

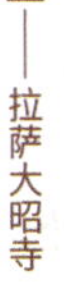

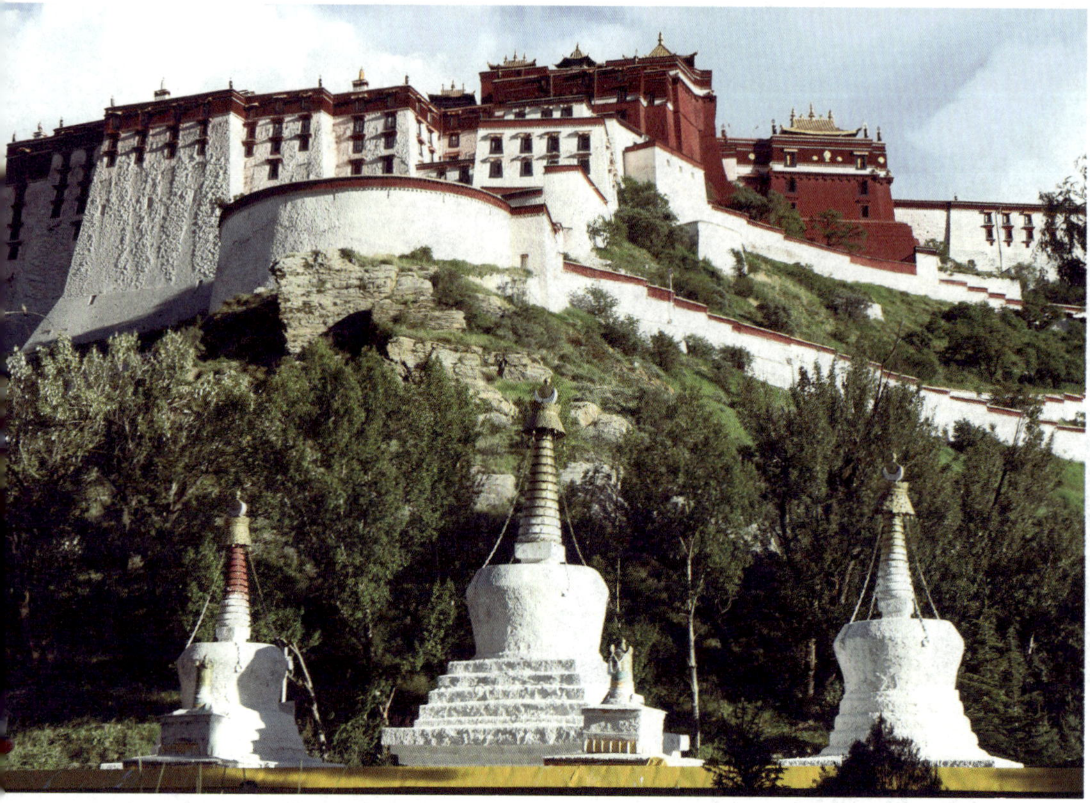

布达拉宫身后的菩提塔

信众在围绕布达拉宫转经

文成古刹
——拉萨小昭寺

小昭寺位于拉萨大昭寺以北约500米处，藏语为“甲达绕木契”。该寺与大昭寺同为7世纪中叶（641年初建）所建，并称“拉萨二昭”，现属于藏传佛教格鲁派寺院。

据史书记载，文成公主“自中国招来木工及塑匠甚多，修建甲达绕木契”。“甲达”意为“汉虎”，指为文成公主所建，“绕木契”意为大院子。惹萨幻显殿（大昭寺）与甲达绕木契殿（小昭寺）所有建筑和绘画，历时12个月，同时告成。

小昭寺最初规模与大昭寺相同，但在以后的历史上累遭损毁，尤其是寺内主供的释迦牟尼佛12岁等身像移奉大昭寺，而将当年尼泊尔赤尊公主供

大门朝东的小昭寺外景

·看点提示·

小昭寺现是西藏格鲁派上部地区弘传密宗的寺院。自1694年起，每年藏历二月，上密院在这里都要举行旨在纪念五世达赖喇嘛的隆重法会。

奉在大昭寺的释迦牟尼佛8岁等身像移奉对换后，这座大门朝东，以寄托文成公主对家乡父母思念的寺院香火日衰。虽经后世多次修葺，但原初建筑不多，大都为明代后所建。现今只有底层神殿是早期的建筑，内中10根柱子依稀可见吐蕃遗风，上面镂刻着莲花，并雕有花草、卷云及珠宝、六字真言。

小昭寺主要由门楼、庭院、转经回廊、大经堂和佛殿组成，建筑面积约为4000平方米。转经回廊围绕主殿大经堂的南、西、北三面竖有一圈转经筒，供信众转经朝拜时用手转动以积福德。其主殿大经堂进深

小昭寺经堂内的10根柱子依稀可见吐蕃遗风，上面镂刻着莲花，并雕有花草和卷云等

小昭寺藏柜上所绘的汉地敬老风尚彩绘图

7间，宽3间，有大木柱30根，面积2100平方米，可容纳500名僧人同时诵经；天井对过的一排檀头上刻有28只卧狮；经堂四壁绘有释迦牟尼本生传等佛教壁画。大经堂后部为佛殿，面积22.49平方米，殿门覆以钢网。佛殿内供从大昭寺移奉过来的释迦牟尼佛8岁等身像和八大菩萨、两大护法神以及宗喀巴大师塑像。佛殿门两旁分别立有泥塑四大天王像。

四大天王又称护世四天王，是显宗教义中最著名的护法神，其职责是保护四方世界。据传说，四大天王居住在欲界之一的四王天。须弥山腰有一山名犍陀罗山，此山有四座山峰，各有一天王居住，各护一方天下，各率28部夜叉大将，镇守四大部洲。手拿宝剑的是南方天王，他名叫“增长”，职风；手拿琵琶的是东方天王，他名叫“持国”，职调；右手拿宝伞，左手托吐宝神鼠的是北方天王，他名叫“多闻”，职雨；手握

小昭寺所供奉的赤尊公主从尼泊尔迎来的释迦牟尼佛8岁等身镏金铜像

小昭寺所供奉的玛哈嘎拉（大黑天）护法神塑像。他是藏传佛教各大宗派里相对共通的神灵，有几种化身，均属于愤怒相

小昭寺所供奉的八大菩萨塑像（部分）

一位僧人在为释迦牟尼佛像涂金粉，以迎接每年旨在纪念五世达赖喇嘛的隆重法会

小昭寺供奉的四大天王塑像。四大天王又称护世四天王，是显宗教义中最著名的护法神，其职责是保护四方世界

一条蛇或一条龙（也有手托小佛塔的）的是西方天王，他名叫“广目”，职顺。四大天王所持的法器有个很大特点，那就是琴无弦、伞无骨、蛇无信。它暗示了世间的风、调、雨、顺，表达了人们祈祷五谷丰登、天下太平的美好心愿。而其中的北方多闻天王，又称毗沙门天王，也称财宝天王，能赐予无尽的财富，藏密中被视为财神本尊之一。

小昭寺二层为僧舍经堂、佛殿。佛殿内供十六尊者、八大药师佛、度母像及《甘珠尔》经书等。第三层为6间达赖喇嘛住房和金顶殿。小昭寺的金顶也是汉地的歇山式样，以斗拱承托，整座建筑为汉藏合壁。

小昭寺原来供奉的释迦牟尼佛12岁等身像由文成公主带入西藏。藏文著述中有“佛教之根亥，内（佛）法之重宝”之说。具体经过是，唐贞观十五年（641）文成公主远嫁吐蕃，离开长安时，“请以释迦本尊与宝仓库为奁嫁”，“唐王许之，造舆置觉阿（觉卧）释迦其

小昭寺佛龛里所供奉的大白伞盖佛母铜像

上，使汉力士贾拉伽与曾伽二人挽之”。但当公主一行到达现今的小昭寺处时，车陷沙中，随行力士百般努力，始终无法抬出，公主卜知佛意，遂命四面立柱，悬挂锦帐，将佛像就地安放，建寺供养。

关于小昭寺与大昭寺两尊释迦牟尼佛像为何要移奉对换的事，还有一段历史故事：吐蕃时期，松赞干布统一西藏后，迎请唐代文成公主和尼泊尔赤尊公主为妃，分别建立小昭、大昭两寺。小昭寺供奉文成公主带入吐蕃的释迦牟尼佛12岁等身像，大昭寺供奉尼泊尔赤尊公主带入吐蕃的释迦牟尼佛8岁等身像。松赞干布之孙芒松芒赞时期，传说唐朝将派兵入蕃，怕抢走释迦牟尼佛12岁等身像，便在652年将小昭寺佛像移至大昭寺藏于明鉴门内，并堵住其门，画以妙音佛像作伪装。712年，金城公主联姻吐蕃时将这尊佛像正式供奉在大昭寺，并将原供于大昭寺的释迦牟尼佛8岁等身像移至小昭寺供奉。

2001年，小昭寺被国务院列为全国重点文物保护单位。该寺现有僧侣60多人。

小昭寺佛殿的宗喀巴大师（中）供像与法座

格鲁祖庭

——达孜甘丹寺

甘丹寺位于拉萨市达孜区山上，距拉萨城区约60千米。其全名为甘丹南结林，藏语意为具喜寺或极乐寺，为藏传佛教格鲁派祖寺。1733年（雍正十一年），清世宗御赐寺名为“永寿寺”。

1409年，藏传佛教格鲁派创始人宗喀巴（1357—1419）主持修建了甘丹寺，由此发展起来的喇嘛教派起初叫甘丹派，后来音变而写成格鲁派，格鲁即善规之意。

宗喀巴在15世纪初叶所推行的“宗教改革运动”，去除以前西藏佛教的一些积弊，而以渊源于阿底峡、创建于仲敦巴、盛行于博多哇的噶当派（也称教戒派）教义为宗旨，所以格鲁派也叫新噶当派。又因其僧人戴黄色僧帽，故又称黄教。

甘丹寺与哲蚌寺、色拉寺合称拉萨“三大寺”。其住持藏语称甘丹赤巴（甘丹法台），实为教主。宗喀巴圆寂后，他的首席弟子贾曹杰及以后的克珠杰等陆续接任，一般每7年一任，至1954年已传至第96代。

宗喀巴7岁出家，取法名洛桑扎巴，因出生在青海湟水流域，藏语称湟水流域为“宗喀”。他成名之后，人们便称他为“宗喀巴”（“巴”在这里是藏语中的人称后缀），意为出生于湟水之滨的高

·看点提示·

甘丹寺藏有24幅丝织绣画，绣有十六罗汉、四大天王等，是明永乐帝赠送的，十分珍贵。每年藏历六月份展出三周，供信众观瞻，并举行隆重法会，被称为“甘丹绣唐节”。

此外，每年藏历十月二十五日还要举行“甘丹阿曲”，俗称“五供节”。这一天是宗喀巴大师的忌日，白天要在寺内挂出20多米长的佛像大唐卡，晚上全寺燃灯示敬。这是该寺最隆重的传统宗教节日，其盛大程度甚至超过了“雪顿节”。

僧。宗喀巴16岁启程来藏探究佛法，先后在许多寺院师从名师学习显密教法；25岁获得格西（相当于博士或教授）学位；29岁开始讲经授徒；40岁以后著书立说，逐渐形成了自己的思想体系。一生的著作中，最著名的是《菩提道次第广论》《密宗道次第广论》。1409年初，宗喀巴在拉萨成功创办大昭寺祈愿大法会（传昭大法会），标志着他在宗教教理方面已经得到格鲁派广大僧众的崇奉。甘丹寺的修建，也标志着格鲁教派有了根本道场。

宗喀巴与他的两个重要门徒贾曹杰和克珠杰，被并称为“师徒三尊”。贾曹杰·达玛仁钦（1364—1432）是宗喀巴最大的门徒，宗喀巴圆寂后他接替了法位。

两位僧人在甘丹寺朝拜宗喀巴“师徒三尊”像

克珠杰·格勒巴桑（1385—1438）是宗喀巴的仅次于贾曹杰的门徒。1430年，贾曹杰把甘丹赤巴的法位传给了他，成了第三任甘丹赤巴。后期格鲁派寺院集团形成，建立班禅活佛系统时，他被格鲁派上层追认为一世班禅。

甘丹寺寺院巍峨重叠，俨如山城。鼎盛时期，甘丹寺占地面积达15万平方米，建筑面积为7.75万平方米。全寺由措钦大殿、赤安康、阳八犍以及绛孜扎仓、夏孜扎仓和康村、米村等50多座建筑组成。

措钦大殿（集会大殿）建于1409年。1720年加盖了金顶，1749年进行了扩建。大殿高三层。底层大经堂有108根大木柱，面积约2000平方米（宽43.8米，

甘丹寺全景

深44.7米），可同时容纳诵经僧侣3000多人。另有佛殿3个，主要供奉强巴佛（未来佛）像和宗喀巴大师像。左殿殿门上有一组悬塑兜率天，技艺精湛。殿中宗喀巴的法座下有5只金狮承抬，宗喀巴圆寂后便成了历世甘丹赤巴的法座。法座后屏锦缎，上悬伞盖。

阳八犍经院位于大殿之西，高四层。1409年兴建，1416年竣工。殿堂底层有72根大木柱，气势宏伟，神殿内主供观世音菩萨化身像、镏金铜像及坛城。1610年，由第四世班禅加盖金顶。经院内有护法神殿，供奉

甘丹寺措钦大经堂内景

甘丹寺所供奉的强巴佛铜像

甘丹寺殿顶的金色法轮与双鹿

甘丹寺供奉的大威德金刚塑像。该金刚藏语译为“怖畏金刚”，是文殊菩萨降伏妖魔愤怒相，为藏传佛教格鲁派主修的密宗主尊

着大威德金刚（亦称大威德明王或威德金刚）。此像有9头、牛面、3睛、34臂、16腿、蓝身。还供奉有主要护法神当钦曲杰、大黑天（玛哈嘎拉）以及“桑旺寺巴”帕鲁不动佛等32尊、吉祥轮胜乐鲁意神像62尊、瑜伽本尊金刚13尊及3座坛城。该经院的上层有司东康，即宗喀巴的灵塔祀殿，建成于1421年。原建筑高三层，面积约360平方米。灵塔中原保存有宗喀巴的法体，由第二任甘丹赤巴贾曹杰等人以白银建造，塔身镶满各种珍宝。第三任甘丹赤巴克珠杰在灵塔殿顶加盖歇山重檐式金顶。第十任甘丹赤巴根敦平措时，由固始汗之孙罗卜藏丹津出资，为塔身包了层纯金，遂成金塔。第十三世达赖喇嘛于1921年再次维修了金塔，使之更为华丽。目前所见的灵塔系1981年重建。

赤安康是宗喀巴大师的寝宫，也是其生前起居修习密法和最终圆寂之地。该殿于1409年建成，殿内主供文殊菩萨、尊胜佛母、大白伞盖佛母等镏金铜像。还设有修习密宗的本尊坛城、密集金刚坛城、大乐金刚坛城、大威德金刚坛城和金刚手坛城。寝宫内还有宗喀巴的经书典籍、法衣、印章等。

赤安康的殿堂内还砌有一个座台，其背壁绘有释迦牟尼佛像，就其风格和色彩而言，是明代早期作品。其门窗等雕刻也为明代内地所用的图案。

甘丹寺的两大扎仓，位于汪固尔山的西梁。夏孜扎仓坐南朝北，东西宽28.6米，南北长39.4米，底层面积为1126.8平方米。绛孜扎仓坐西朝东，东西宽27米，南北长46.8米，底层面积为1263.6平方米。两座扎仓的经堂都很大，分别为665.92平方米和876平方米，可满足大型佛事活动需要。

全寺共有23个康村和20个米村。康村、米村是扎仓下面的二级地域性僧团组织。康村一般由小佛堂、僧

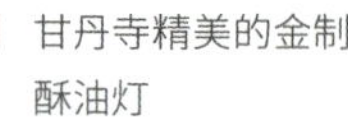
甘丹寺精美的金制酥油灯

甘丹寺珍藏宗喀巴大师一颗牙齿的灵塔

甘丹寺新维修的彩绘殿门

舍、厨房、仓库等组成。僧人分别被安排在各康村及米村。第五世达赖喇嘛时，寺内定员共为3300人，最多时达5000余人。

在甘丹寺“五供殿”，殿中供奉着宗喀巴大师的牙齿、舍利子，有自然形成的石纹文殊菩萨像及宗喀巴的主要本尊、大白伞盖佛母唐卡，还有克珠杰亲手塑造的宗喀巴塑像等。

此外，甘丹寺内保存有许多珍贵文物，清乾隆皇帝于1757年赐予的一套御用盔甲，上面镶嵌着金银珠宝，并有汉、满、蒙、藏四种文字。

甘丹寺无论在宗教、政治方面，还是在建筑艺术方面，在西藏都有非常重要的地位。1961年，该寺被国务院列为第一批全国重点文物保护单位。

“文化大革命”期间，甘丹寺被拆毁。20世纪80年代以来，国家多次拨出专款对甘丹寺进行修复。该寺现有僧侣300多人。

雪域宝刹

——拉萨哲蚌寺

哲蚌寺位于拉萨市西郊约10千米处的根培乌孜山南坡，远望好似巨大的米堆。“哲蚌”二字在藏语中意为积米或米堆。它是藏传佛教格鲁派六大寺之一，也是一世至五世达赖喇嘛曾居住的地方。

哲蚌寺兴建于1416年，距今已有600余年的历史。在拉萨，它与甘丹寺、色拉寺并称三大寺，并为三寺之首。其创建者是格鲁派创始人宗喀巴的高徒绛央却杰·扎西贝丹。

绛央却杰生于山南桑耶地方，幼年在泽当出家，曾在江浦、觉摩龙等寺学法。后师从宗喀巴受比丘戒。史书说他记忆力特别强，诸如《大般若经》《宝积经》《大方广佛华严经》等佛学经典，都能强记于心。凡是讲演辩论，他不需经本，就能随口颂扬和答辩，很快便成为宗喀巴的得意门徒。

绛央却杰的父亲是有名的富户，因此他与当地的官商富贾结交甚密，与当时的内邬宗本南噶桑颇更是挚友。绛央却杰在1416年创建哲蚌寺时，即以挚友为施主，得其资助甚多。由于哲蚌寺初建时，就得到了当地官员和富商的大力支持与赞助，所以哲蚌寺发展很快，到1417年时即有僧众2000余人。17世纪中叶，清政府额定哲蚌寺僧员为7700人。到解放前夕，实际住寺僧人达10000

·看点提示·

哲蚌寺法事很多，其中场面最大的要数“哲蚌雪顿”了。“雪顿”藏语意为“酸奶宴”，因此为期一周的雪顿节又称酸奶子节。每年藏历六月三十日的“雪顿节”当天，先是以哲蚌寺为中心，清晨将寺院珍藏的巨幅唐卡佛像展示于展佛台，一来是防止封存一年之久的唐卡潮湿蛀虫，二来是供信众朝拜祈福。接着还要举行藏戏会演，极为热闹。雪顿节最早是一种纯宗教活动，现已逐渐演变成集展佛、藏戏、文娱和商贸相结合的民俗节日，并成为拉萨最为隆重的传统节日之一。

多人，成为拉萨最大且僧人最多的一座寺院。

据史书记载，哲蚌寺在修筑之前，只有绛央却杰修法的山洞和小庙。山洞名为“让雄玛”，在今措钦大殿东侧地平下面，是个仅容一人修行的密室。内有宗喀巴大师和绛央却杰的石质浅浮雕像。小庙叫“扎多玛”，面积约10平方米，主供石刻文殊菩萨像。小庙两旁各有白塔一座。这些遗迹现保存完好，哲蚌寺就是在它们的基础上兴建并不断扩展，以至形成了今天庞大规模的建筑群体。哲蚌寺占地面积约25万平方米，由于是巧妙利用坡度很大的地形逐层兴建起来的，所以从远处眺望，群楼层叠，鳞次栉比，金顶辉煌，雄奇壮丽，宛如一座美丽的山城。

哲蚌寺主要由措钦大殿、甘丹颇章和四大扎仓几部分组成。这几部分又有其各自附属的康村、僧舍等，形成结构严密的建筑单位。每个建筑单位内部基本上

哲蚌寺全景

哲蚌寺展佛节上所展示的巨幅贴绣唐卡

分为三个地平层次：院落地平、经堂地平和佛殿地平，如此形成由大门到佛殿逐层升高的格局，强调和实现了佛殿的尊贵地位，设计非常符合建筑与自然的美学关系。在大殿和经堂的外部又采用金顶、相轮及宝幢、八宝等佛教题材加以装饰，既增加了佛教的庄严气氛，又烘托了建筑的富丽堂皇。

措钦大殿是全寺僧众聚集举行法会活动的场所。它位于哲蚌寺中心，建筑面积约为1850平方米，整个经堂建筑共有183根方形大木柱，可以容纳7700名僧人诵经，是藏族地区最大的经堂。登上宽阔的石级，是8根大木柱的门廊。大殿前是2000多平方米的石铺广场，也是哲蚌寺的中心辩经场。大殿长50.1米，南北宽35.8米，正中供文殊菩萨及大白伞盖佛母像。

大殿后部为堆松拉康，即“三世佛殿”。现世佛释迦牟尼的佛龛做成三座镀金铜塔，过去佛燃灯佛和未来佛强巴佛的佛龛皆做成三座银色塔。这种佛龛装饰，在

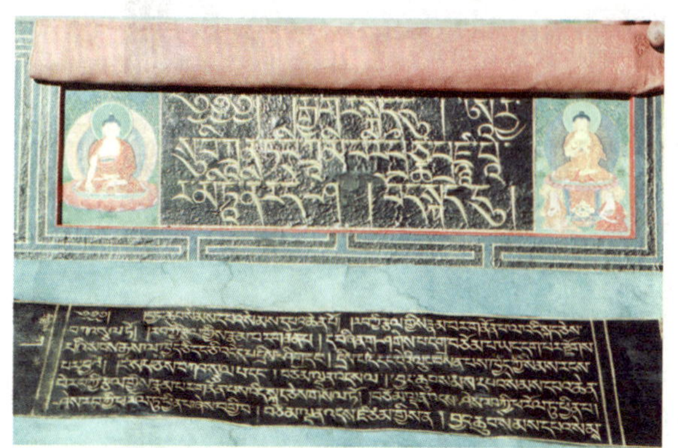

哲蚌寺所藏的明朝末年云南穆天王为祈祷太平捐资，用金汁书写的《甘珠尔》大藏经

哲蚌寺所珍藏的1000多年前从古印度传入西藏的贝叶经。它是写在贝树叶子上的经文

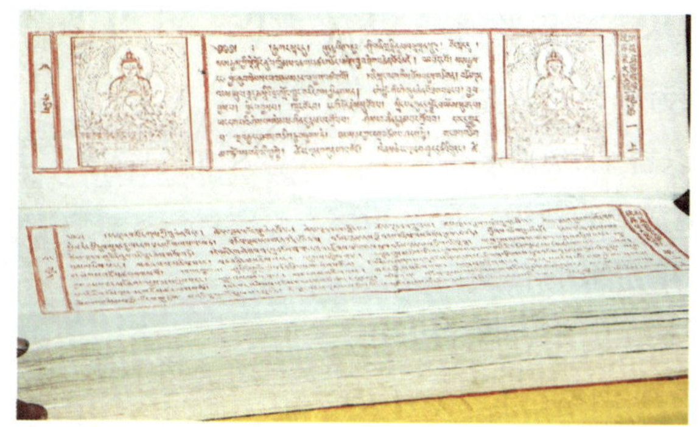

哲蚌寺所藏康熙时期的木刻版藏文大藏经

其他地方是不多见的。此外，佛殿两侧还塑有高大的八大菩萨像。殿门内两侧分塑金刚力士和马头明王（马头金刚）像。

堆松拉康左侧是弥旺拉康，其最著名的是一尊高大的12岁强巴佛像，塑像安坐，身在一楼，头部达于二楼。这尊佛像由颇罗弥旺出资塑造，故又称“弥旺强巴”。

堆松拉康的右前侧是伦奔拉康，拉康内前边两座较小的白塔为伦奔佛塔。后部并列三座银塔：中心为三世达赖灵塔，北侧为四世达赖灵塔，南侧为第司·赤列嘉措（“第司”为清初西藏地方政府管理卫藏行政事务最高官员的名称）灵塔。

大殿二楼还设有甘珠尔拉康，供奉有大量的珍贵经书。其中有明朝末年云南穆天王为祈祷太平捐资用金汁抄写的全部《甘珠尔》大藏经，共114部；还有康熙时的木刻版藏文大藏经及许多贝叶经等。

哲蚌寺大殿三层有两个重要的佛殿，即祖师藏经阁和强巴通真拉康。强巴通真拉康门上悬挂“穆隆元善”汉文匾额。此匾为清朝驻藏大臣琦善于道光二十六年（1846）所献。殿内供奉着强巴通真佛铜像。据传是强巴佛未来临世长到8岁时的形象，深受信众们的敬仰。

哲蚌寺强巴通真拉康门上悬挂的“穆隆元善”汉文匾额

强巴佛前供一白色海螺，据说是宗喀巴大师在廓巴山上发现的，后来赠送给绛央却杰，以鼓励他兴建哲蚌寺，是镇寺之宝。

措钦大殿四楼正中是觉拉康，主要供奉释迦牟尼说法塑像，其两旁还有13座银塔。佛堂顶部建有一金顶，为歇山形式，金顶下有彩绘斗拱，具有典型的汉式建筑风格特征。

在西藏寺院里，扎仓是寺院的重要组成部分，也是措钦以下一级的管理机构，故又名“经学院”。哲蚌寺最初有7个扎仓，即多门院、明惠州、广乐院、闻思

哲蚌寺供奉的这尊强巴佛金铜像，据说是强巴佛未来临世长到8岁时的形象

州、夏郭院、调伏州和密咒院，由绛央却杰的七大弟子各自主持一个扎仓的喇嘛学经。后来随着来寺僧人的增多，根据学经内容和籍贯合并成目前的洛色林、郭芒、德阳和阿巴四大扎仓。其中前三个为显宗扎仓，后一个为密宗扎仓。但在四大扎仓之中，阿巴扎仓是修建最早的一个扎仓。

哲蚌寺的扎仓修建得比其他寺院都要大，其中的洛色林扎仓是哲蚌寺最大的扎仓。它主要包括经堂和佛殿两部分。经堂由108根方形木柱建成，面积有1100多平方米。后殿为强巴拉康，主供强巴佛。佛殿两侧供奉着许多古老的长条经书，其中最珍贵的是《丹珠尔》和《甘珠尔》大藏经。该扎仓共设有23个康村（扎仓属下的学经单位和管理机构）。

郭芒扎仓仅次于洛色林扎仓，也由经堂和佛殿组

哲蚌寺所供奉的宗喀巴“师徒三尊”与身后的大威德金刚塑像

成。经堂由102根方形木柱组成，面积有1000多平方米，设且巴拉康、敏主拉康、卓玛拉康等，该扎仓共设有16个康村。

德阳扎仓比洛色林扎仓更小一些，由56根方形木柱组成，面积有500多平方米。经堂后部为佛殿，主供维色强巴佛，意为能够破除一切穷困的强巴佛。它是僧俗信众对未来美好幸福的一种向往和寄托。

阿巴扎仓是哲蚌寺的密宗学院。它由48根方形木柱组成，面积有480多平方米，经堂四壁绘有密宗题材的大量壁画。殿中供奉的“结吉”，即我们通常所说的大威德金刚，藏语译为“怖畏金刚”，也叫大威德明王，为格鲁派密宗三大本尊之一，是文殊菩萨的化身。

在规模宏大的建筑群中，甘丹颇章也占有非常重

哲蚌寺甘丹颇章，曾是二世达赖喇嘛至五世达赖喇嘛的驻锡地。五世达赖喇嘛在此建立起著名的甘丹颇章政权

要的位置。

甘丹颇章位于哲蚌寺的西南部前方，是一个相对独立的建筑单元。它建于明朝嘉靖九年（1530），由哲蚌寺第十任法台、第二世达赖喇嘛根敦嘉措兴建。宫室共七层，分前、中、后三栋建筑。前院系地下室的各类仓库。二层院落正中有一四方场院，面积约为400平方米，四周皆为僧舍和回廊。每年的“雪顿节”，人们都要在这里进行跳神或者表演藏戏。三层东、南、西三面系僧舍和回廊。四、五层除了一部分僧舍外，主要是经堂和佛殿。六层是达赖喇嘛属员办公之地。七层是达赖喇嘛的住处，包括达赖喇嘛的经堂、卧室、讲经法堂、客厅等。此外，这里还设有卓玛殿（二十一度母）和护法神殿。

从第二世达赖喇嘛至第五世达赖喇嘛均住在甘丹颇章。1645年，第五世达赖喇嘛阿旺罗桑嘉措受清帝册封后，执掌了西藏的政教大权，甘丹颇章也就成了西藏地方政府的同义语，故史学家称其为“甘丹颇章政权”。

第三世达赖喇嘛索南嘉措最初任哲蚌寺的赤巴（法台），1578年，蒙古俺答汗尊奉他为“圣识一切瓦齐尔达喇达赖喇嘛”之后，才有了达赖喇嘛的称号。由此往前追认根敦珠巴为一世达赖喇嘛，根敦嘉措为二世达赖喇嘛，而索南嘉措为三世达赖喇嘛。1653年，五世达赖喇嘛受清帝册封后移居至布达拉宫。但他之后的每世达赖喇嘛坐床前的习经修养，仍要在哲蚌寺进行。

1982年，哲蚌寺被国务院列为全国重点文物保护单位。该寺现约有僧侣600人。

哲蚌寺所藏的清廷赠送五世达赖喇嘛的明镜，上面刻有文殊及观世音菩萨像

大慈法王

——拉萨色拉寺

色拉寺，全称“色拉大乘洲”，位于拉萨市北郊的色拉乌孜山脚下。它由藏传佛教格鲁派创始人宗喀巴弟子、被明朝封为“大慈法王”的释迦也失于1419年主持兴建，与甘丹寺、哲蚌寺合称“拉萨三大寺”。

色拉寺山门景观

·看点提示·

色拉寺僧人辩经极具特色，好似辩论的舞蹈。每天下午，色拉寺辩经场都会云集大批信众和海内外游客。百僧席地围坐成小组，每组一人站立，念珠悬于左臂，口中娴熟发词，紧要处右手“啪”地击打左掌后划向天空，在另一个关键时刻再次划落击打；另一人端坐一旁，对答如流。辩经激烈处，站立者腿脚挥舞，思想碰撞之激烈形之于外。

辩经主要内容以藏传佛教重要著作为主，称“五部大论”，包括《现观庄严论》《中观论》《俱舍论》等。辩经时，僧人无长幼之分，只为相互激发、相互学习。

绛钦却杰·释迦也失（1352—1435）是宗喀巴大师的著名弟子之一。1409年和1414年，明成祖先后两次派钦差进藏迎请宗喀巴大师赴京传法，宗喀巴因身体不好和忙于建寺传法不能进京，于是委派释迦也失作为他的代表进京朝觐皇帝。明成祖见后十分高兴。次年，封释迦也失为“妙觉圆通慈慧普应辅国显教灌顶弘善西天佛子大国师”，并赐玉印。1416年，释迦也失返藏，明成祖不仅赐给他佛经、佛像、法杖、僧衣、绮帛和金银器等，而且亲自作了赞词送给他。1419年，释迦也失依宗喀巴大师之命，用他从内地带回的大量资财，在拉萨北郊兴建了色拉寺，为首任寺主。传说，色拉寺建寺时，因山下长满一种叫作色拉的野蔷薇而得名；另一说，色拉寺建寺时曾降冰雹，因色拉就是“冰雹”的意思。

色拉寺建成后，释迦也失再次代表格鲁派到北京朝觐。1434年，明宣宗又封他为“万行妙明真如上胜清净般若弘照普应辅国显教至善大慈法王西天正觉如来自在大圆通佛”，简称“大慈法王”。据传，山西五台山的格鲁派寺院也是释迦也失修建的。据藏史《土观宗派源流》记载，他“在内地创立黄教宗风”。今色拉寺正殿四面壁画上绘有释迦也失两次到内地讲经传法，受到明朝皇帝封赠的壁画。释迦也失为发展西藏地方同明朝中央以及藏蒙、藏汉民族关系，促进汉藏经济文化交流所做的毕生努力，已成历史佳话流传至今。

色拉寺建筑主要由措钦大殿和三大扎仓及32个康村的经堂、佛殿、僧舍等组成。全寺原法定僧侣为5500人，鼎盛时期达9000多人。

措钦大殿建于1710年，为固始汗后裔拉藏汗主持修建。大殿有180根木柱，面积为1092平方米，可容纳5000僧人同时诵经。大殿共4层。正殿主供一尊高度超过两层楼的强巴佛和释迦也失的塑像。

措钦大殿内建有四个拉康。拉康即佛殿，是供奉佛像（佛）、经书（法）并为僧侣（僧）集合作佛事的场所。佛教徒将佛、法、僧称为“三宝”，只有具备这“三宝”的地方才称得上“拉康”。乃堆拉康，主供神态各异的十六罗汉泥塑彩绘像。它原为释迦也失从内地带来的檀香木雕像，后临样塑造，将木雕像置于泥塑腹中，基本保留了原来明代造像的风格。甲央拉康，主供文殊菩萨，殿内藏有一部明成祖所赐永乐八年（1410）用朱砂印制的《甘珠尔》大藏经，共有108函。宗喀拉康，主供宗喀巴塑像。土其拉康，主供

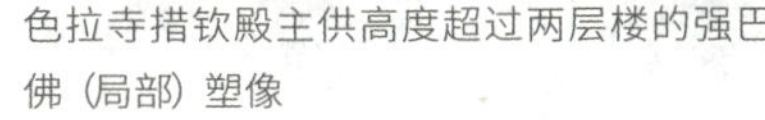

色拉寺措钦殿主供高度超过两层楼的强巴佛（局部）塑像

色拉寺释迦牟尼佛殿（祖拉康）内景

色拉寺乃堆拉康所供奉的释迦牟尼佛和以十六罗汉檀香木雕为胎所制的泥塑像

十一面千手观世音像，藏有金汁书写的《甘珠尔》《丹珠尔》大藏经，共有200多函。

措钦下面的组织叫“扎仓”，色拉寺有3个扎仓：麦巴扎仓、吉巴扎仓、阿巴扎仓。扎仓，意译为僧院，是一个完整独立的组织。由于格鲁派修习必须先显后密，因此，色拉寺的扎仓就有显宗扎仓与密宗扎仓之分。麦巴扎仓和吉巴扎仓属显宗，阿巴扎仓属密宗。

麦巴扎仓，为色拉寺的最早建筑，始建于1419年，为该寺创建人释迦也失所建。据说原来的殿堂毁于雷击，1761年由贡钦·强曲彭巴进行重建。它位于色拉寺西南，面积为896平方米，由75根大柱建成。主体建筑为四层，殿内建筑和壁画都完好无缺。此扎仓内共有5个拉康：轴康（主供三世佛）、贡康、乃堆拉康、宗喀拉康和托巴拉康。

吉巴扎仓，始建于1435年，由贡钦·洛珠僧盖创建。至17世纪中叶，固始汗进行了扩建。吉巴扎仓共为五层，由80多根大柱组成，面积为977平方米。主殿内有甘丹赤巴及热振活佛等灵塔共11座。扎仓内有堆松、旦增、列玛、宗喀、甲央、土其和岗叔7个拉康。

吉巴扎仓殿内，另塑有马头明王（马头金刚）神像，为该寺镇寺之宝。人们常常排队上前朝拜。在拉萨

信众在色拉寺排队头触马头明王神像，祈求吉祥安康

有一种习俗，婴儿出生后不久，父母便会带婴儿先到大昭寺朝拜释迦牟尼佛，然后来色拉寺马头明王像前以灯灰触鼻，祈求保佑。另外，殿西侧的旦增拉康还供奉有“普巴”（金刚杵），据传15世纪末从印度传来。它长约2尺，也为该寺特有“神物”。凡入寺朝佛信众必趋前膜拜。每年藏历十二月二十七日专设“色拉崩钦”（金刚杵加持节），由色拉寺活佛及堪布捧杵升座，给朝拜群众击头“加持”，以表达佛、菩萨、护法神的护佑。

阿巴扎仓属密宗，始建于1559年，后进行扩建。它是色拉寺中最小的一个扎仓，共四层，大经堂内主供色拉寺创始人释迦也失像。扎仓内共有4个拉康：唯巴拉康、乃堆拉康、杰吉拉康、昌巴拉康。

色拉寺扎仓下面设有康村。康村是寺庙的基层组织，是僧侣们食宿和起居休息的地方。康村有大有小，人员几十至上百不等。康村的建筑大多为院落式，三层

信众在色拉寺“崩钦节”排队接受独有的金刚杵加持，祈求来年祥瑞、安康

至五层，包括经堂、住宅、茶房。

色拉寺藏有大量文物珍品，如各类佛像、唐卡、经书、法器、供器等。其中有永乐八年（1410）印制的《甘珠尔》大藏经108函和泥塑彩绘16尊罗汉、四大天王；有永乐皇帝所赠的一轴缂丝唐卡，且根据释迦也失真容，用多种色彩的丝线编织而成，虽已历时500多年，但色泽鲜亮如新。

还有吉巴扎仓旦增拉康护法殿，四周墙壁上挂满了各种式样的盔甲、弓箭、盾牌、帽子等。相传，这些均为西藏第九代藏王时的兵器，能够“镇魔辟邪”。1982年，色拉寺被列为全国重点文物保护单位。该寺现约有僧侣600人。

色拉寺后山转经路上的石刻像

色拉寺收藏的一块明代天棚织锦

色拉寺护法殿供奉的大威德金刚塑像

巨龟石宫

——拉萨帕邦喀寺

帕邦喀寺简称帕邦喀，位于拉萨市城关区娘热乡娘热村，在市区北面约有8千米的娘热沟乌都日（宝伞山）南面山坡上，属于藏传佛教格鲁派寺院。

“帕邦喀”藏语意为“磐石宫”，因其建筑建在形似龟状的巨大岩石上而得名。

传说7世纪，在大、小昭寺修建之前，藏王松赞干布就在此修行，并主持修建了该宫殿，将其行辕从墨竹工卡嫩地（今甲玛乡）的强巴明久林宫迁到这里，成为卧玛塘（拉萨）的首座宫殿。

历史悠久的帕邦喀寺，背靠乌都日山，面对拉萨河谷平原，地势险要。磐石上的寺院四周是崖面，北面筑有石级供人登临。

·看点提示·

帕邦喀寺具有悠久的历史和许多神奇的传说，至今被人们视为圣地。虽历经沧桑，但吞米·桑布扎亲书的六字真言和怙主三尊，以及传为自显的女护法神白拉姆浮雕像等圣迹犹在，香火不衰。

帕邦喀寺后殿外景

磐石下有一山洞，为松赞干布修行的地方，洞内有一土台，相传是松赞干布的法座。洞内还有一些石刻佛像，相传为尼泊尔工匠所雕刻。

据五世达赖喇嘛阿旺罗桑嘉措所著的《西藏王臣记》记载，松赞干布在吉学地区梁正村名帕邦喀的磐石上，用红炉铁水灌凝大砖，建筑起九层高的碉堡，四面都用铁链紧拴使其牢固。传说，松赞干布的重臣吞米·桑布扎从印度学习梵文和佛学回藏之后，也住在帕邦喀。在这里他结合藏语声韵，创制了藏文，首先在帕邦喀向松赞干布和众大臣们教习，并第一次用藏文书写了六字真言刻于石上。接着松赞干布宣布吞米·桑布扎所创制的藏文为吐蕃王朝的统一文字。

后来，赤松德赞和莲花生大师及桑耶寺法师堪钦·菩提萨埵（寂护）也来帕邦喀朝圣，曾在磐石下的洞里修行十天，石洞因此得名“策久拉康”（十日殿）。吐蕃

| 帕邦喀寺松赞干布修行洞内景

松赞干布修行洞里所供奉的度母天然生成石像（后经工匠加工而成）

帕邦喀寺供奉的释迦牟尼佛铜像

帕邦喀寺三怙主殿内景

时期，帕邦喀一直是重要的佛教活动场所，经常保持有100多名僧人在此诵经，成为吐蕃时期政治、佛教的重要中心以及藏文创始基地。

841年，达摩（朗达玛）毁佛灭法，焚烧和拆毁了松赞干布时在帕邦喀所建的108座佛塔和所有建筑。此后，帕邦喀建筑曾经历过数次修复，其中有两次较大规模的修复。11世纪末，由噶当派高僧博多哇·仁钦赛和弟子扎嘎召集僧俗民众，在原帕邦喀宫殿九层的废墟上修建了两层殿堂。此后，噶当派僧人陆续恢复原有的108座佛塔，雕刻佛像，建立拉康。从此，帕邦喀宫殿成为一座寺院。清初，进一步对帕邦喀进行维修和扩建，在二层殿堂上又加盖一层。

自五世达赖喇嘛后，历代达赖喇嘛转世后都到此礼佛、受戒，获得格西学位者也都要来此举行庆贺仪式。帕邦喀寺也一直得到噶厦政府的资助，并由政府任命堪布，使它成为西藏的一座重要寺院。

帕邦喀寺所供奉的松赞干布塑像

帕邦喀寺所在的磐石高出地面约20米，顶部面积为300平方米，大门北向，南侧呈半圆形，北侧为方形。“文化大革命”时该寺被拆毁，唯底层墙体尚存。底层有9间房，原来二、三层设有嘛呢拉康、贡康殿等，供有博多哇·仁钦赛亲塑的释迦牟尼像，噶当派僧人塑的十六罗汉像及马头明王塑像，还供有因顿活佛铜像和灵塔。

信徒朝拜帕邦喀寺所供奉的宗喀巴大师像

策久拉康（又名三怙主殿）位于巨石南坡下，历史上被破坏，原物多毁。1980年后逐渐修复，重塑殿内佛像。该佛殿分前后两室。前室正墙石壁上刻有一行长1.22米、宽0.66米的藏文“六字真言”，相传是吞米·桑布扎的手迹；后室很小，正中供“三怙主”石像，藏语称“日松贡布”，即文殊、观音、金刚持。相传，松赞干布与两位公主为修建大昭寺在此静坐时，“三怙主”突然显身，对松赞干布说，拉萨地形是罗刹女仰卧状，呈凶恶之相，不利于创基立国，必须建造12座寺院，才能镇住女魔。后松赞干布命尼泊尔工匠在“三怙主”显身的石壁上刻下了他们的像。另外，二层楼上有间小房，供历代达赖来此朝佛时居住。

帕邦喀寺方殿分前后两室，佛殿内供有法王松赞干布和文成公主、赤尊公主的塑像，旁边有宗喀巴大师、五世达赖喇嘛等塑像。前殿供有藏文创始人吞米·桑布扎以及松赞干布、赤松德赞、大臣禄东赞和色拉寺的历代甘丹赤巴等塑像。磐石下有松赞干布修行洞，其

北侧有一废墟，相传是文成公主住宅。它为两层建筑，底层分4门，长约8米，宽约4米，门向东。每个门里都供奉着不同佛像。巨石周围的山坡上还分布着传为松赞干布等人曾经修行过的岩洞。尽管格鲁派在拉萨的三大寺建成后，帕邦喀逐渐衰落，但它一直是信众崇奉的佛教圣地。1985年，帕邦喀寺再次重修后，遂形成现在的规模。该寺现有二三十名僧人。

正在修复中的帕邦喀寺壁画

度母神殿

——曲水聂塘卓玛拉康

聂塘卓玛拉康又称“聂塘度母殿”，或称“聂塘寺”。它位于拉萨市曲水县聂塘乡帮那村公路旁，离拉萨城约有35千米，现属于藏传佛教格鲁派寺院。

据史书记载，古印度萨霍尔（今孟加拉国达卡地区）高僧阿底峡（982—1054）应邀到西藏传教弘法，曾在这一带长期居住，1054年在此圆寂，享年72岁。次年，他的大弟子仲敦巴·嘉瓦郡乃（简称“仲敦巴”）在这里主持了周年悼念仪式，并修建了藏有阿底峡骨灰的灵塔。不久，他在灵塔旁又修建了供奉阿底峡生前随身供奉的本尊白度母铜像的方形殿堂，以纪念大师功德。

20世纪30年代，第五世热振活佛主持重修聂塘卓玛拉康。该拉康（佛殿）分两层，建筑面积为1000多平方米，系土木石结构的典型藏式建筑。

聂塘卓玛拉康坐北朝南，大门内有一铺石庭院，院落南北两侧是僧房。正殿前有宽敞的檐廊，檐廊北头有两座修在地坪以下的白塔，塔刹部分露在地面，形制较为特殊。其一为阿底峡的衣冠塔，里面装藏有阿底峡生前穿过的鞋、帽、衣；其二为仲敦巴的衣冠塔，里面埋有他用过的鞍鞒、披风。檐廊两端连通正殿后面为转经道。正殿有3座佛殿：主殿为卓玛殿，南配殿为朗杰殿，北配殿为

·看点提示·

阿底峡不仅是一位佛学大师，而且还是一位多才多艺的学者。他的绘画作品很多，最为珍贵的要算他用自己的鼻血画成的两幅唐卡：一幅保存在热振寺，一幅珍藏在聂塘卓玛拉康。在该寺的古蚌拉康，还供有一尊高0.68米的阿底峡的自塑像，也十分珍贵。阿底峡大师的遗物有他生前用过的法螺和化缘钵。人们特别崇奉的是他一生形影不离的一座木塔“哲美曲登”，是用白檀香木制作的，现仍珍藏在该寺内的佛龛里。

聂塘卓玛拉康主殿外景

聂塘卓玛拉康所供奉的阿底峡大师自塑像

聂塘卓玛拉康内藏阿底峡大师法衣的白塔。它修在地坪以下，塔刹部分露在地面，形制较为特殊

古蚌殿。卓玛（度母）殿主供21尊度母铜像。她们的衣着、颜色、形象各不相同，秀丽而端庄。佛经认为，度母是观世音的化身，藏语称卓玛。度母为密宗的本尊天女，具有大慈大悲神圣无比的地位。在这21尊度母铜像里，尤以阿底峡高僧生前随身供奉的白度母铜像最为著名，当地僧众称此像为“卓玛松郡”，意为“能言度母”，故称该寺为卓玛拉康，又因坐落在聂塘的地方，亦称“聂塘寺”。

卓玛殿佛龛供奉着释迦牟尼佛像，两侧有十大弟子（舍利弗、目犍连、须菩提、阿难陀、优婆离、阿那律、大迦叶、富楼那、迦旃延、罗睺罗）立像。

朗杰殿主供佛塔朗杰曲登（败外道塔），意为胜利宝塔，是为纪念释迦牟尼战胜魔军而建，系八大佛塔之一，高约10米。朗杰曲登的两旁还有两座灵塔，即那若巴（古印度人）和仲敦巴的灵塔。

聂塘卓玛拉康所供奉的度母铜像

古蚌殿主供三长寿佛（无量寿佛、白度母、尊胜佛母）。佛龛雕塑有飞天等天神，极为精美壮丽。据说这是聂塘卓玛拉康最早的一座佛殿，为阿底峡生前所建。他圆寂后，仲敦巴才扩建成后来的聂塘卓玛拉康。

据《卫藏道场胜迹志》记载，在古蚌殿供奉的阿底峡灵骨塔下，有一尊阿底峡塑像。据说是阿底峡生前所塑并由其开光。他认为这尊像很像自己，所以称其为“像我像”，像上留有阿底峡的手指痕迹。另有喇嘛当巴·索南坚赞的大灵骨塔等，极为神圣。

聂塘卓玛拉康所供奉的土质尊胜塔

聂塘卓玛拉康朗杰殿内景

聂塘卓玛拉康古蚌殿所供奉的长寿佛

聂塘卓玛拉康二楼经堂内景

这是一尊由阿底峡大师从印度首次带入西藏的噶当大铜塔，一直供奉在聂塘卓玛拉康。噶当塔为佛塔的一种，以铃铛形塔身为其特征

二层则为达赖喇嘛的行宫，供达赖喇嘛出巡或朝拜时居住，中央大厅供达赖喇嘛诵经或举行仪式，南侧为其居室等。

阿底峡是古印度的著名高僧，曾历任印度那烂陀寺、超岩寺等名寺的住持。后受西藏阿里古格王力邀，经仁钦桑布（古格大译师）引领入藏传法，广建寺院，广收门徒，在藏时培养了一大批弟子，阿里地区有绛曲沃、仁钦桑布、楚臣甲哇等，前后藏地区有仲敦巴·嘉瓦郡乃、库敦·尊珠雍仲、俄·雷必喜饶、南交钦波等，并撰写有《菩提道炬论》等著作，对藏传佛教发展作出了重大贡献。

阿底峡在西藏各地讲学达17年之久，留下佛学显密论著55种（其中显教31种，密教24种），同时在医学方面还著有《医头术》等医学理论和医术著作，并同那措译师等人合作翻译了《配方甘露达雅干》医学名著及十多部经典。阿底峡所传教法对西藏佛教的影响很大，俄·雷必喜饶在拉萨以南建桑浦寺传播阿底峡的教法，仲敦巴·嘉瓦郡乃在林周建热振寺，并依据阿底峡

所传的教法创立了噶当派，广为传播300多年。1409年，宗喀巴以阿底峡《菩提道炬论》为基础创立了新噶当派即格鲁派，并将噶当派的寺院及僧人归入格鲁派体系，而噶当派的创建者仲敦巴正是阿底峡的大弟子，由于这种渊源关系，阿底峡被尊为噶当派开山祖师，聂塘卓玛拉康则被视为重要的圣迹。

1963年，东巴基斯坦（孟加拉国前身）佛教代表团访华时向周恩来总理提出，盼望能迎请阿底峡部分骨灰回其故乡供奉，周总理当场慨然应允。好事多磨，1978年，阿底峡大师的部分骨灰被移奉其家乡达玛拉吉卡寺，当地举行了隆重的安放仪式。

作为阿底峡大师的圆寂地，聂塘卓玛拉康现由国家拨款修建一新，已成为纪念中孟两国人民友谊的象征。2006年，聂塘卓玛拉康被国务院列为全国重点文物保护单位。该寺现有僧侣20人左右，由本乡热堆寺统一管理。

·延伸近邻·

从聂塘卓玛拉康往东走不远，有一尊西藏最大的摩崖石刻——聂塘大佛。它距离拉萨30千米，面向拉萨市，东临拉萨河，紧邻公路。造像为释迦牟尼佛在菩提树下降魔成道的坐像，通高9.83米，宽7.9米，坐高1.3米，手长1.4米，脚长1.9米，系高浮雕。中外游客从贡嘎机场路过此地时，几乎都要下车观赏，并拍照留念。

新修缮的聂塘大佛

仓宫镇水

——拉萨仓姑寺

仓姑寺位于拉萨市林廓南路中段，属于藏传佛教格鲁派寺院。它是拉萨城内唯一一座比丘尼（俗称尼姑）寺院，也是西藏著名的比丘尼寺院之一。

说起仓姑寺历史，人们习惯上会追溯到7世纪的吐蕃王朝时期。据传，当时吐蕃赞普松赞干布为了防止拉萨河水泛滥，营建拉萨城，便在河堤上挖了一个地洞诵经祈祷，以镇水魔，故又名“仓宫”。

15世纪时，宗喀巴弟子古觉群丹到此，立志继承法王松赞干布的意愿，亦在此诵经祈福，并在地洞周围建立了一座比丘尼寺，故称“仓宫寺”。

当时寺院规模很小，仅有一层共8根柱子。其北间是当年松赞干布的度经坑，南间供奉着用黑石雕刻而成的松赞干布像。另有莲花生大师、多杰朗觉高僧等塑像。寺旁还建造了8个以红土为奠基的转经筒。

中华人民共和国成立前，不少达官贵人和商户愿意将自己的妻妾、女儿送进寺内，过一段佛教徒的学习生活，以提高佛教知识和文化水平，因而仓姑寺在拉萨女性信众中颇有影响。

清初，僧人帕旁喀又将此寺扩建，增高至二层，有柱16根，并修有门廊，开有天窗。殿内四周绘满了壁画，中为宗喀巴，两侧为其弟子加央卓

·看点提示·

作为女众道场，仓姑寺曾经培养了很多有影响的人物。西藏著名的女活佛桑顶·多吉帕姆也曾到此进学。

此外，仓姑寺注重传承和弘扬观世音菩萨和度母信仰的法事与仪轨。比如，寺院经常举行的会供仪式是“度母会供仪轨”“瑜伽母修持仪轨”“尊胜佛母长寿仪轨”等。按照寺院的要求，每天8点在经堂举行“日常课诵”，即会供仪式，一直到下午4点结束。

风景优美的仓姑寺

信徒在为佛殿长明酥油灯添加酥油

玛、林圣赤惠、东巴卓玛、门拉以及喇嘛帕旁喀的画像。

清初以后，每逢秋后宗教活动减少时，寺内清贫的比丘尼都要去山南和藏北的农牧区化缘，或替人打工，挣取口粮。藏历新年，她们放假五天，由寺院供应吃喝，比丘尼姐妹欢聚一堂，跳舞、唱歌、演藏戏，自娱自乐，热闹非凡。鼎盛时期，尼僧达200多人。

“文化大革命”时期，仓姑寺遭到毁坏，寺内经书、佛像、文物流失一空。1982年，国家拨款修复，基本恢复了原貌，仍保持二层建筑。其建筑坐北朝南，设有经堂、宿舍和厨房。

仓姑寺比丘尼在大经堂里诵经

入寺后拾级而上可见大经堂。殿门左右壁上绘有护法神像。门楣上有6只木雕卧狮。经堂内供有释迦牟尼佛像和13幅明清以来的唐卡。主殿壁画仍保持原貌。仓姑寺主供十一面观世音菩萨和文殊菩萨、无量寿佛、宗喀巴大师像等。

仓姑寺所悬挂的上师供奉唐卡

仓姑寺最著名的是主佛殿一层地下的松赞干布修行洞。洞内供奉着松赞干布塑像，每天有三名专职尼僧在这里，按时诵经祈祷、摆放供品，或是替换酥油灯油。

仓姑寺每月还要举行七次较大型的集体诵经法会。藏历三十日，举行“忏悔仪轨”，主要是学修“菩提道之加行念诵次第仪轨”；藏历初五，举行“女神补酬仪轨”，以会供、施食等供品酬谢“六臂怙主”“吉祥天退敌佛母”“十二丹玛女神”和多闻天等护法诸神；藏历初八，举行“度母四曼陀罗”和“药师佛”等会供仪式；藏历初十，举行“胜乐金刚自入灌顶

仓姑寺供奉的白拉姆女神唐卡

仓姑寺供奉的金刚亥母铜像

仓姑寺所绘的四臂观世音像壁画

仪轨”；藏历十五日则要举行“十六尊者”和“尊胜佛母长寿法”会供法会；藏历二十一日，举行“大威德一勇自入灌顶仪式”；藏历二十五日，举行“瑜伽母修持仪轨”和“那若空行修炼法”会供法会。

该寺现有尼僧100余人。

一位比丘尼在吐蕃赞普松赞干布曾经修禅祈祷过的土洞密室里闭关修行

千佛摩崖

——拉萨鲁普岩寺

鲁普岩寺，又称查拉鲁普寺或查拉路甫石窟，位于西藏拉萨市药王山东麓陡峭的山腰上。它与东北方向的布达拉宫仅有数百米之遥，距今已有1300多年，属于藏传佛教格鲁派寺院。

据藏文史书记载，石窟开凿于7世纪吐蕃松赞干布时代。据说，藏王松赞干布巡查属地，在为迁都选址时来到药王山下。当他迎着耀眼的阳光抬头仰望时，发现山腰里有一个洞穴。藏王攀上这个山洞，发现里面的岩石上自然生成一尊佛像。于是下令工匠将其雕塑成像，开凿山道，修建石窟寺，并和自己的妃子居住在此，王子贡日恭赞就诞生于此。

鲁普岩寺石窟开凿在距地面约20米处的崖壁上，用泥石砌成的台阶连接上下。石级的外侧用铁栏杆围成，以防上下山的信众滑坠。有些信众爬台阶时，会把随身佩戴的一些物品，如金刚结、念珠、发卡等，挂到崖壁的树上，以求吉祥。

该寺在崖壁上建有上、下两个佛殿，穿过不太长的甬道，爬上楼梯是该寺的上佛殿，也是主殿。石窟在殿堂东侧，形制为早期的支提式窟（塔庙窟），平面呈不规则长方形，面积大约27平方米。中心柱与洞壁之间有一条宽约1米的狭窄转经道。

·看点提示·

在鲁普岩寺四方形大殿的内殿后，有两根柱子支撑的高僧殿。殿中供奉着天然形成的12指多长的“启口说话玉度母”像、珊瑚制的无量寿佛像、水晶制的空行母像以及丹增尼达活佛肉身金铜塔和第司·桑杰嘉措肉身银塔，还有释迦牟尼佛金铜像、头顶八尊药师佛的强巴佛（弥勒佛）像等。

鲁普岩寺外景

鲁普岩寺与布达拉宫隔街相望，仅有数百米之遥

罗布林卡的达旦明久颇章（俗称新宫）

由于信众日复一日围着中心柱转经，让转经道的石壁变得平滑而又发亮。

这个石窟寺内共有71尊从吐蕃时期算起到清朝时期开凿的佛教造像，除两尊是泥塑造像外，其余都是石刻造像。它们分布在中心柱和石窟的南、西、北石壁上。中心柱四面共有14尊高大的高浮雕石刻造像。其造像主要为释迦牟尼佛、三世佛、强巴佛、菩萨、金刚力士等，以及雕有松赞干布与文成公主、赤尊公主、重臣吞米·桑布扎和禄东赞的人物造像，其造像具有浓厚的印度犍陀罗风格。

据《西藏王臣记》记载，松赞王请来尼泊尔一些有精巧技艺的造像工人，依照自然现出的佛像那种庄严神采，而精细雕出很清晰的身之所依——佛菩萨像，及语之所依——六字真言等。由此可见，鲁普岩寺石窟的石刻造像应该是出自尼泊尔工匠之手，可为什么石窟

鲁普岩寺院内外景

造像却为印度风格？究其原因是佛祖释迦牟尼诞生在今尼泊尔南部提罗拉科特附近，毗邻印度，尼泊尔也是佛教的发祥地之一。所以印度与尼泊尔的佛教艺术在当时完全一致，尼泊尔工匠雕凿出印度风格的造像也就不足为怪了。

此外，鲁普岩寺的摩崖石刻大都分布在药王山南侧。其山崖不是很高，山石的质地坚硬致密，造像保存较好，数量不少于5000尊，人称“千佛崖”。

鲁普岩寺松赞干布修行洞所供奉的莲花生大师塑像

鲁普岩寺石窟转经道里的石壁佛像

信众围绕鲁普岩寺所在山体的千佛崖转经，右角可见建筑即为鲁普岩寺

经过1000多年的风风雨雨，中间几经兴衰，这座拉萨地区罕见的石窟寺院至今仍然保存完好，是拉萨唯一的石窟寺。它不仅为西藏众多的摩崖造像、泥塑像、壁画、唐卡等提供了断代依据，而且极大丰富了我国的石窟艺术。2019年，又名查拉路甫石窟的鲁普岩寺，被国务院列为全国重点文物保护单位。该寺现有一二十名僧侣。

鲁普岩寺所在山崖上供奉的石刻佛像

·延伸近邻·

在鲁普岩寺西侧约两千米处是著名的罗布林卡。罗布林卡，藏语意为“宝贝园林”或“珍宝园”。它始建于乾隆年间，最初是清朝廷为体弱多病的七世达赖喇嘛洗温泉疗养所建，此后成为历代达赖喇嘛消夏理政的地方，是一座典型的藏式风格园林。园内树木茂密，湖心宫、龙王亭、春增颇章等建筑隐约其间，幽曲动人，有着“拉萨颐和园”之称。

1988年，这座建筑精美华丽、庄严别致、占地面积36万平方米的宝贝园林，被国务院列为全国重点文物保护单位。2001年12月，罗布林卡作为布达拉宫扩展项目，与大昭寺一样，被联合国教科文组织列入《世界遗产名录》，合称为拉萨布达拉宫历史建筑群。

噶当祖庭

——林周热振寺

热振寺位于拉萨市林周县唐古乡唐古村普央岗钦山麓的古柏树林中，由阿底峡弟子、藏传佛教噶当派创始人仲敦巴·嘉瓦郡乃于1057年创建，并以藏传佛教噶当派之首寺而著称，后改宗为格鲁派寺院，距离拉萨市城区约有150千米。

仲敦巴于1005年出生于现在的堆龙德庆，当时正值西藏分裂时期，他幼年到处做工，开始学习藏文和梵文，并接触了佛教。1045年，仲敦巴等人为了重振佛法，专门去迎请被后人推崇为“佛尊”的古印度佛学家阿底峡。阿底峡被仲敦巴等人的诚意所打动，于是随他来到卫藏传法。阿底峡在拉萨一带传教收徒，前后近10年，影响甚大，最后于1054年圆寂于拉萨西南的聂塘。仲敦巴在聂塘主持了悼念阿底峡的仪式，并在聂塘修建了聂塘寺（亦称聂塘卓玛拉康）。1056年初，仲敦巴带领阿底峡的其他弟子连同阿底峡的遗体一起，来到了普央岗钦山麓，第二年修建了热振寺，将阿底峡的遗骨供奉在热振寺银塔中。阿底峡到达卫藏地区弘法，标志着佛教复兴势力由阿里进入卫藏。阿底峡为后弘期藏传佛教的复兴发挥了重要作用，他也由此成为藏传佛教噶当派的鼻祖。

仲敦巴修建热振寺后，传法授徒，热振寺成了

·看点提示·

帕邦塘廓节上，尤以热振“羌姆”——俗称“跳神”的表演最为热闹。跳神队伍都是热振寺的青年喇嘛，随着法号和鼓乐声的起伏，每组跳神仪式都有声有色，人们从各种舞姿、各种面具、各种鬼神的形态中，可以领悟出温和、广博、权力、威猛的意象和真、善、美的情感，以及驱魔降妖弘扬佛法的美好愿望，感受它那悠久的历史和浓郁的民族风格。这个最初的宗教性转经活动，后来逐渐发展成为各类商品交易、文娱活动的综合性节日。由于该节日是逢藏历羊年12年才举办一次，故每次10余天的节日都是万众聚集，盛况空前。

热振寺外景

噶当派主寺。他继承阿底峡传授的全部显密教法，并在此基础上创立了藏传佛教噶当派的主要基地和发展地，培养出了不少当地籍的噶当派高僧。比如，博多瓦出生在今林周县松盘乡境内，建有博多寺；朗日塘巴出生在今林周县松盘乡境内，建有朗日寺；格西侠尔瓦出生在今林周县唐古乡藏雄村，其高徒董敦·罗追札巴修建了著名的噶当派纳塘寺等。

15世纪，宗喀巴根据噶当派教义及其他教派的教理创立了新噶当派——格鲁派，并将噶当派的寺院及其僧侣归入格鲁派体系，热振寺也就此改宗为格鲁派。该寺的热振呼图克图，是清代至民国时期西藏四大“呼图克图”之一（清代中央政府授予藏族和蒙古族地区佛教大活佛的封号，获此封号者有地方政府的摄政资格），热振寺三世和五世活佛曾于1845年和1934年两度出任

西藏地方政府的摄政。其职能是在上代达赖喇嘛成年前，代其主持西藏政教事务。

热振寺占地约1.7万平方米。寺院坐北朝南，为前二后三层的建筑结构，主体建筑有措钦大殿、热振拉让等。

第一层的措钦大殿主要由经堂和佛殿组成，建筑面积约670平方米。经堂是僧众进行佛事的主要场所，四周有若干个小经堂，内供有佛像、经书。经堂内外有墙壁两层：内层由《甘珠尔》《丹珠尔》经文架相隔，外层墙壁用石块砌成。经堂后面建有森康，是达赖喇嘛和摄政王巡游时的寝宫。佛殿供奉的主要神像有“觉阿绛巴多吉”，为阿底峡大师所依之本尊佛。“觉阿”，意为“尊长”或“至尊”，是对佛祖的一种敬称。“绛巴多吉”是密宗无上瑜伽父续部集密金刚的别名。这尊佛像由金刚持佛父母大智慧明点所塑造，十分珍贵。藏传佛教以密宗传承为主要特色，其密法分为四部，即事部、行部、瑜伽部和无上瑜伽部，密宗各派又以无上瑜伽部的各种教授为主要修行法门。无上瑜伽部又分为三部，父续部奉密集金刚、大威德金刚为本尊；母续部奉胜乐金刚、喜金刚为本尊；无二续部奉时轮金刚为本尊。据《卫藏道场胜迹志》记载，凡对此像祈祷叩求，无论何事皆能如愿成就。

热振寺排列成行的古塔

另外，措钦大殿还供有稀有的偏头觉阿佛像和赛林巴（曾为阿底峡之师）、觉阿尊者（阿底峡）和仲敦巴的灵塔，并供有第一世热振活佛及宗喀巴大师、五世达赖喇嘛及佛陀等塑像。佛殿内绘有

景色秀美的热振寺白塔

热振寺现存下来的大经堂

壁画，并悬挂着数幅著名的早期唐卡。

措钦大殿西侧是热振拉让（私邸）。其高三层，占地面积约1000平方米。第一层为仓库；第二层为管家和仓库保管员的住处等；第三层为热振活佛的寝宫和经堂。

热振寺东、西、北三面是僧舍，呈半圆形相围。

1951年地震时，热振寺部分建筑被毁坏，20世纪60年代“文化大革命”期间又遭破坏。因而现保留的经堂和僧舍只是过去极小的一部分。现在所见建筑大都是20世纪80年代后国家拨巨款修复的。

热振寺的机构与其他格鲁派寺院不同的是未设扎仓和康村，寺内一切大权均掌握在热振活佛手中。该寺的堪布均系弟子传承，活佛转世制度是从16世纪改宗格鲁派后才实行的。

热振寺刚建寺时只有僧侣十多人，后来发展到480多人，其学经制度是以阿底峡的《菩提道炬论》为基

热振寺历代活佛法座

热振寺主供的释迦牟尼佛塑像

热振寺所供奉的吉祥天母像早期唐卡

热振寺所供奉的这幅早期唐卡是藏语称“那唐”的黑唐卡。它以黑色为基底，是一种自成一体的绘画形式

础，强调僧人的戒律，强调修行次第，走完从凡夫到成佛的全部过程。其修行的主要经典为“噶当六论”。后来随着译经事业的发展，又增加了“兹氏五论”和龙树菩萨（著名的大乘佛教论师）的“六如理聚”等。在该寺改宗格鲁派后，仍保留了不少噶当派的教理。

历世热振活佛有着热爱祖国、维护国家统一和民族团结的传统，有两位活佛任摄政（三世和五世）期间，因“倾心内向”（心向内地及中央政府）曾受到中央政府嘉奖。

热振寺周围分布着108块石头，其中在寺院西面有一块最大的石头，被称为“帕邦”。“塘”意为草坝，“帕邦塘”被僧俗群众尊为“圣道”。据民间传说，每逢藏历羊年七月十五日，密集空行母荼吉尼等10万天女下凡，并且诸路女神在此设坛集会超度众生。于是，热振寺在每逢藏历羊年的七月十五日都要举行“帕邦塘廓节”。届时，各地虔诚信徒会千里迢迢聚集在这块美丽的磐石草原，敬献各种供品，念经诵佛，参加或是观看展佛、赛马、赛牦牛、跳神等活动，祈祷平安昌盛、百业兴旺。

热振寺现有僧侣100多人。

衍诩靖懋

——拉萨策墨林寺

策墨林寺位于拉萨市北京中路的小昭寺西南角，是拉萨著名四大林（丹吉林、功德林、锡德林、策墨林）之一，始建于1777年，占地面积约6240平方米，为策墨呼图克图活佛的驻锡之地，属于藏传佛教格鲁派寺院。

18世纪中叶，清朝中央政府为进一步加强对西藏地方的管理，建立了一系列的重要制度，摄政制度就是其中之一。拉萨四大林是清朝任命西藏四个“呼图克图”摄政大活佛的拉让（私邸）或寺院。

策墨林寺坐北朝南，为正方形院落。走进寺院大门，是一宽敞的庭院，院西侧和前部环境建筑是两层藏式楼房，上层为住房，下层为回廊，建筑面积1725平方米，庭院后部为主佛殿建筑。主体建筑明显是两个时期的建筑。东半部称“白宫”，是第一世策墨林活佛阿旺楚臣于1777年担任摄政时主持兴建的，曾专门用作为皇帝祈寿，现为护法神殿。内供护法神数尊，并摆放着活佛的法座。西半部称“红宫”，属第二世策墨林活佛阿旺降白主持修建的。“红宫”规模比“白宫”大，现作为主佛殿，供有铜制无量寿佛、银制绿度母、宗喀巴像等，在后面的佛殿中，还供奉着按照大昭寺释迦牟尼佛模仿制成的金铜佛像。殿内的壁画保持原貌，

·看点提示·

策墨林寺供奉有无量寿佛像及第二世、第三世策墨林活佛的肉身灵塔。第一世策墨林活佛的肉身灵塔现仍供奉在色拉寺策墨林殿里。怙主殿供奉有退敌天母像等护法神像；大殿中除有策墨林活佛的法座和按照大昭寺释迦牟尼佛像模仿制成的金铜像外，还供奉有第二世、第三世和第四世策墨林像，药师佛金铜立体坛城，宗喀巴端坐六层法座像，法轮弥勒像，一人之高的绿度母像等；藏经殿里还供奉有用金粉书写成的《甘珠尔》及金、银粉混合书写成的《般若经》经书。

策墨林寺活佛法座

策墨林寺佛殿内景

策墨林寺佛龛里供奉着各种不同的佛像

非常精美，画有胜乐金刚、密集金刚、大威德金刚等。而殿外的壁画则画有四大天王等。

东半部的第一期建筑面积为800平方米，其中经堂进深13.4米，宽11米，柱子20根。经堂前有进深3.4米的明廊，两侧对称分布着厨房、库房建筑，经堂后部为佛殿，顶层为活佛卧室，卧室边是藏经殿。

西半部的红宫主体建筑时间比东部白宫的建筑晚10多年，但建筑风格上保持了前后的统一协调，唯一不同的是后期建筑布局规整、规模较大、雕饰精细、用彩浓艳，为早期建筑所不及。

西半部建筑基本上沿纵向轴线对称分布，建筑布局分为四部分，即经堂、经堂两边的侧殿、经堂后部的佛殿、经堂前边的门廊。经堂宽15米，进深13.8米，

策墨林寺供奉的历代格鲁派高僧塑像

策墨林寺供奉的强巴佛塑像

策墨林寺大经堂内景

策墨林寺红宫明廊彩绘

策墨林寺红宫外景

五进五间。中心有8.3米、进深7.5米的高侧天窗，采光较好。

据藏文史料载，策墨林活佛系统产生较晚，但影响很大，尤其是一世策墨林活佛和二世策墨林活佛在近代西藏政教史上都产生过很大影响。

一世策墨林·阿旺楚臣，于乾隆四十二年（1777）因策墨林活佛降白德勒嘉措圆寂，其摄政遗缺，乾隆皇帝命驻京的雍和宫额尔德尼诺门汗·阿旺楚臣前往西藏接任，并加封为“噶勒丹锡呼图萨玛第巴克什呼图克图”，总摄西藏地方政教事务14年。

二世策墨林·阿旺降白楚臣嘉措，清嘉庆二十四年（1819）因原摄政的策穆·土旦晋美嘉措圆寂，嘉庆皇帝旨谕：布达拉宫商上事条著噶勒丹锡呼图萨玛第巴克什·阿旺降白楚臣嘉措接办。阿旺降白楚臣嘉措奉旨摄政25年，政绩显著，特别是在阻击拉达克森巴部落入侵等事件中建立功勋，深受广大僧俗群众的尊敬。

清道光皇帝等对二世策墨林加封甚多：1822年钦命他摄政任第十世达赖喇嘛楚臣嘉措的正经师；1825年驻藏大臣奏请中央恢复了原封第一世“衍宗禅师”的封号（1787年清乾隆皇帝敕封）；1834年清道光皇帝加封其“扎多尔呼图克图”名号，并再次加封“诩教”二字；1837年他荣任第三十七代甘丹赤巴；1839年道光帝加封“靖远”二字；1842年又加封“衍宗诩教靖远懋功大禅师”，简称“懋功禅师”。

该寺现任住持为第五世策墨林·单增赤列活佛，西藏拉萨人，1955年被认定为策墨林呼图克图。现任西藏自治区政协副主席、中国佛教协会副会长等职。策墨林寺现有僧侣30多人，由色拉寺统一管理。

印经书院

——拉萨木如寺

木如寺位于拉萨市北京东路，始建于五世达赖喇嘛时期，又称“木鹿寺”，至今已有400年历史，是西藏目前唯一依旧采用雕版印刷技术印制藏文佛经的印经院。

拉萨城内有新、旧两座木如寺。旧木如寺位于大昭寺东北方向，始建于7世纪，至今已有1300多年的历史。由于旧木如寺周围空间太小，后来才决定修建这座新木如寺。两座寺院现均属于藏传佛教格鲁派寺院，共有僧侣27人。

木如寺是一座典型的藏式院落。其建筑前低后高，寺前部为僧舍，后部为主殿，总占地面积约为9000平方米。

·看点提示·

这里保存有自五世达赖喇嘛以来刊刻的藏文版大藏经《甘珠尔》和《丹珠尔》的木刻雕版。仅十三世达赖喇嘛时期，即1921年由藏传佛教著名高僧喜绕嘉措亲自负责刊印的大藏经《甘珠尔》就有48189块100函，为西藏仅有的一部拉萨版的《甘珠尔》木刻雕版。

木如寺外景。主殿为印经院，左角为信众朝拜的高二层的寺院

木如寺外景

木如寺大经堂内景

木如寺殿前的早期石狮子

走进木如寺大院，院内左侧以煨桑炉为界，往北的二层小殿属于木如寺，归木如寺管理。其余部分，包括大殿属于中国佛教协会西藏分会印经院管理。

该印经院采用古老的雕版印刷，来自西藏各地及青海、云南、四川、甘肃等地的信众经常在此购买藏文佛经。

历史上的新木如寺十分辉煌，它的大殿就是现在的印经院，而寺院的小殿只是以前的护法殿。

20世纪五六十年代，这里由一个剧团使用。后来，这个剧团在别的地方盖了房子就搬出去了，之后这个院子由西藏佛教协会接管，并将印经院从下密院搬到这里。再后来，木如寺逐渐恢复，以前的大殿归属于印经院（用于存放木刻雕版和印制经书），寺院也就剩下了现在的一小部分。故使以前大殿四周墙壁保留下来许多珍贵壁画。

木如寺“元蕃会商”壁画。1247年，阔端与萨班在凉州（今武威市）举行首次会商。阔端代表蒙古汗廷，萨班作为西藏地方代表，议定了西藏的归顺事宜

木如寺所绘宝瓶天女像壁画

印经院现藏有320部藏文佛经，共计12.8万块长方形木刻雕版。院内现有《甘珠尔》100部、《丹珠尔》225部，有《甘珠尔》木刻雕版48189块、《丹珠尔》木刻雕版65073块。

藏文版大藏经《甘珠尔》和《丹珠尔》两部分是藏传佛教寺院必备的经典。西藏自治区人民政府于1984年拨专款成立了以抢救、整理、刊印大藏经为主要任务的拉萨木如寺印经院。这里现有30多名印经工人，其中不乏有着二三十年经验的资深印经人。

源于对信仰的虔诚，木如寺印经院严格按传统处理每一道工序。刷墨、铺纸、转印、掀起……每一张经文都是两人配合，一气呵成。

木如寺所绘释迦牟尼本生图壁画。佛结跏趺坐，左手垂放在左脚上，右手垂直指地作“触地印”，表示佛成道前为众生牺牲自己，这一切只有大地做证

木如寺所藏的历代藏文版《甘珠尔》和《丹珠尔》大藏经的木刻雕版

这里的木刻雕版虽历经岁月变迁却完好如初。制作木刻雕版的材料是西藏常见的红桦木，在秋天取材，经熏烤干燥，放在羊粪中沤一冬天后，取出洗净，再经水煮、烘干、刨光成型，才能刻版。

木刻雕版出入库都要签名登记。每次用完之后，也要经过严格的洗刷程序，清除滞留在印版文字、图案间的墨泥或朱砂，然后涂上酥油才能入库，这是它历百年而不腐的秘密所在。

此外，印刷经文所用的纸是用一种叫“瑞香狼毒”的草本植物的根茎纤维制作而成。这种植物俗称“狼毒草”，也是一种藏药材，具有轻微毒性，制成的纸颜色微黄，质地较粗厚，柔软不易起皱，同时还具有防虫蛀、防鼠咬，久藏不坏的特点。

用墨方面，经典经文一律用朱砂印刷，其余选用上等松烟墨或白桦树皮熏制的烟墨印刷。为改良墨质，还掺入黏性药材佛手参、松香等。

由于现代技术的发展，藏文激光照排、电脑软件等在印刷行业中盛行，但是木如寺印经院仍秉承古老传统，保持手工操作，主要是为了满足寺院和信众的需求。

汉传财神
——拉萨扎基寺

扎基寺位于拉萨市北郊的扎基路上，是全西藏唯一的一座财神庙。这座寺院虽小，但香火十分旺盛，已有300多年的建寺历史。

扎基寺全称扎基丹修曲果林，最初为噶举派寺院，第五世达赖喇嘛（1617—1682）时期改宗为格鲁派寺院。据说，“丹修曲果林”寺名就是五世达赖喇嘛起的。

扎基寺的“财神”，藏语里称作“扎基拉姆”。传说这是拉萨城护法神“吉祥天母”的世间化身。她本在汉地，后随一位赴汉地的色拉寺大师来到拉

·看点提示·

扎基女神，人称“扎基拉姆”。传说，她从内地来到西藏，因为长得太漂亮，引起拉萨女鬼神们的嫉恨。她们先对扎基拉姆下毒，由于扎基拉姆功力深厚，硬是把毒药逼到了舌尖。虽然逃过一劫，但是舌头却永远收不回了。这就是扎基拉姆舌头伸在外面的原因。拉萨女鬼神们一看下毒不灵，她们又设计砍断了扎基拉姆的双脚。谁知扎基拉姆神通广大，断腿处居然长出了一对鸡足，成了人身鸡爪的“鸡爪神”。

扎基寺主殿外景

萨（也有说是随文成公主进藏的），后来像被供奉在扎基寺。许多藏、汉族信众认为，扎基寺的财神菩萨是西藏最灵验的。

据居住在附近的藏族老人洛桑旦增介绍，曾有位江苏商人为一笔大生意，专程“打飞的”而来。目前，“扎基拉姆”，不只是拉萨藏、汉族共同信奉的财神，还是共同情感的寄托。信众连高考中榜、家庭和睦、结婚生子等也来祈求“扎基拉姆”保佑。这点从系在寺院佛殿的一条条祈祷红布条的内容上就可以看出来。

扎基寺主供的扎基拉姆财神

扎基拉姆位于寺院主殿内的一个佛龛里，其面目乌黑，怒目圆睁，张着血盆大口，舌头伸得长长的，手像鸡爪子一样，所以又称为“鸡爪神”。

据传说，世间护法神因与众生仍有尘缘，故很多时候会幻化成人形，与众生接触，扎基女神就属于此类神灵。按照当地的说法，扎基寺每逢星期一求财神、星期三求平安、星期五求健康。

因为“鸡爪神”喜欢喝白酒，凡是到扎基寺的藏族信众，大都在寺院门口购买入寺必备的“老三样”：松枝、白酒、哈达。煨桑就是用松枝、香草一类的植物，放进白塔或者煨桑炉中燃烧，产生带有香味的白烟，袅袅直升天际。也有汉族信众，买来成把的藏香后在寺院前备好的长条炉里烧香。最后大家手持酒瓶、哈达排着长队走近一楼大殿佛龛，把白酒递给一名僧人，由他帮助打开酒瓶盖，把白酒倒进酒缸里，来敬奉这位“财神”。

扎基寺殿外壁画下敬奉着信众的一张张小面额纸币

扎基寺门前的汉地大石狮子为其标志

扎基寺墙上所绘的“蒙人驭虎”图，表明这是一座格鲁派寺院

扎基寺占地面积不大，主殿高三层。寺内大殿除了供奉扎基拉姆女神外，还供奉有密集金刚、大威德金刚、胜乐金刚、时轮金刚、无量寿佛、多闻天王、六臂怙主、扎基土地神等塑像。在三楼，供奉有释迦牟尼佛、燃灯佛、无量寿佛、四臂观音、绿度母、白度母、莲花生大师、阿底峡大师、宗喀巴大师等塑像。寺前有一大广场，以前曾是驻藏清兵操练的地方。

在藏语中，“扎巴”是僧人、和尚的意思。“基”是数字“4”的藏文变音，扎基寺即“有4个僧人的寺院”。这是因为最初的扎基寺只有色拉寺派来的4位僧人管理，因而被称为“扎基”寺。该寺现有僧侣20多人。

扎基寺寺门甬道上所绘的敬长图壁画。该壁画有四种动物：大象身上坐着猴子，猴子身上蹲着兔子，兔子身上落着鸟儿。寓意鸟儿年龄居一，兔子居二，猴子居三，大象居四

扎基寺所绘的长寿老人图壁画

扎基寺所绘手拿琵琶的东方持国天王像壁画与门饰

湖岛禅地

——当雄扎西岛寺

·看点提示·

纳木错湖海拔4718米，面积1940平方千米，为西藏“三大圣湖”（纳木错、玛旁雍错、羊卓雍错）之一。

在扎西半岛两寺的周围，有许多自然形成的栩栩如生的释迦牟尼佛、胜乐金刚等造像以及莲花生合掌石、善恶洞、门神、大宝法王脚印等多种胜迹。

扎西岛寺位于西藏当雄县纳木错东南端的扎西半岛上，距离拉萨约有230千米。1498年，由贡托巴托协所创建，属于藏传佛教宁玛派寺院。

扎西半岛，历史上为许多高僧禅修的地方。除修行者外，这里并无固定的僧人，即使僧侣较多时，也仅为8人。

据说，1000多年前，莲花生大师曾经在此闭关修行三年三个月零三天，并在纳木错圣湖中埋下了殊胜的伏藏。

1990年，该寺经当雄县人民政府批准修复，并对外开放。该寺现有僧侣10多人，为有史以来的最多人数。

扎西岛寺外景

扎西岛寺经堂内景

扎西岛寺莲花生大师洞窟殿内景

扎西岛寺所供奉的时轮金刚铜像

离扎西岛寺数百米远的地方是扎西岛下寺。它是扎西岛寺管辖的分寺，同属于藏传佛教宁玛派寺院。据该寺住持阿多介绍，扎西岛下寺是纳木错周围最古老的寺院，距今已有800多年历史。扎西岛下寺最早是以当地大喇嘛噶译师的修行洞创建而成。由于“文化大革命”期间被毁坏，它与扎西岛主寺一样，也是1990年修复后对外开放的，现有僧侣4人。

这两座寺院面朝浩渺湛蓝的湖水，背靠高大的山体。寺内主要供奉莲花生大师和诸多佛像，以及念青唐拉山（亦称念青唐古拉山）神与纳木错女神等塑像。

相传，纳木错是帝释天的女儿，念青唐拉的妻子。而念青唐拉则是“世界形成九神”之一，纳木错的丈夫。这对被人们称为“神山圣湖”的恩爱夫妻，共同呵护藏北草原，为世代百姓带来福祉。正因如此，寺里供奉的纳木错像右手持龙头禅杖，左手持宝镜，戴冠束高髻，腾云驾雾，骑飞龙；而念青唐拉塑像则是在

扎西岛寺面对的纳木错湖和念青唐拉山

扎西岛下寺噶译师修行洞外景

扎西岛下寺岩洞内所供奉的百尊小佛像

扎西岛下寺岩洞大殿内景

日月莲花台上，一面三眼，头戴金冠，右手高举金刚马鞭，左手拿着白色念珠，寓意他在降妖除魔，呵护草原。

12世纪末，藏传佛教达隆噶举派创始人达隆塘巴·扎西贝等高僧，曾在扎西岛现今建寺的大岩洞里修行密宗要法，并开创了羊年转纳木错圣湖之举。信徒们认为，每到羊年，诸佛、菩萨、护法神都会到纳木错集会，并设坛大兴法会。此时信徒转湖一次，胜过平时转经10万次，其福无量。所以每到藏历羊年，许多信众不畏艰辛，长途跋涉前来转湖朝圣。

由于湖面太大，湖边地形复杂，以往转湖一圈最快的也要7～10天，老人们一般要半个月以上，甚至要二三十天，所以大家也用转扎西半岛来代替。据说，围着扎西半岛转七圈就等于转湖一周。

尼僧道场

——曲水雄色寺

雄色寺位于西藏拉萨市曲水县才纳乡尼布热堆村，地处雄色山的半山腰，有900多年历史。它是藏传佛教宁玛派古老的尼僧修行道场，也是西藏境内最大的比丘尼（俗称尼姑）寺院。

维修雄色寺，山路依靠毛驴来驮运石料

·看点提示·

雄色寺的一些修行洞，现仍有尼僧在此闭关修行，是该地区为数不多仍然有尼僧闭关修行的寺院之一。

该寺每年宗教活动主要有：藏历每月二十八日的吉尊·仁波切（仁增·曲尼桑姆）祭日活动，每月三日、八日、十日、十五日、十八日、二十五日、三十日的诵经日，三月八日至十五日的珠巴（集体修行）活动。

另外，每年4月至10月间，是雄色寺观光的黄金季节。沿途自然景观优美，山清水秀，鸟语花香，令人心旷神怡。同时，这里林中栖息着许多珍禽异鸟，还是一处观鸟胜地。

云遮雾绕的雄色寺

雄色寺距拉萨市区约45千米，海拔4100多米。如驾车走拉萨机场高速路从才纳出口下来，驱车顺着指示牌一路盘山前行，耗时一个多小时即可到达。在山腰以上，红白相间的寺院殿堂依山而建，附近一排排白色的建筑则为民居。

早在12世纪，藏传佛教帕竹噶举派祖师帕木竹巴·多吉杰布曾派弟子克贡·楚臣僧格在这里建立了第一座寺院，于是它成为帕竹噶举派八个小系之一的雄色（修赛）噶举中心。200年后，著名的宁玛派僧人贡结朗钦巴从藏东来此修行，雄色寺便由噶举派改成了宁玛派修行的圣地。贡结朗钦巴的佛法造诣高深，其著作《朗钦宁底》至今仍为宁玛派教徒的重要经典。

18世纪初，新疆准噶尔蒙古部落首领次仁顿多率骑兵入侵西藏，声言扶持格鲁派，摧毁宁玛派和噶举派寺院。雄色寺首先遭到蒙古铁骑的践踏，其经书、佛像被洗劫一空，僧人遭到杀戮，剩下的四处逃亡，自此雄色寺成为一片废墟。

后来有一位女乞丐，她走遍雅砻河谷、雅鲁藏布江边，到处化缘乞讨，发誓要从废墟上重建被毁的雄色寺。相传，这位名叫仁增·曲尼桑姆的比丘尼，出生在喜马拉雅山以南的白玛错（莲花湖）湖畔。父亲是藏族，母亲是尼泊尔人。从小虔信佛法，研习藏经。年纪稍长后，只身翻越白雪皑皑的喜马拉雅山，进入藏地朝

一位比丘尼在为千斋长明酥油灯添加酥油

佛。当她怀着重整雄色寺的宏愿出现在拉萨河谷的时候，已经是一个具有高深佛学知识的密宗大师了。据说拉萨三大寺的许多“格西”对她的修持及学问都很敬重，尤其是她的瑜伽功更是无人可及。人们对她非常敬重，称她“玛尼洛钦”（诵六字真经的大师）。

其后，玛尼洛钦名声大振，在拉萨河两岸和雅鲁藏布江中游一带几乎无人不晓。贵族阿沛成了她最大的施主，捐助了大批钱财和物资；僧官堆龙、色仑玉洁布施了寺院绘制壁画的全部费用。不少贵族和平民都对她进行了大力援助，更多的穷人和乞丐跟随她上山劳动。经过数年的艰苦努力，雄色寺重现于世，寺院规模超过以往。此后，玛尼洛钦把过去的喇嘛寺改成了著名的比丘尼寺。

雄色寺菩提塔和绕塔的转经筒

因双角形似拜佛，这只羊成为放生羊一直生活在雄色寺院里

雄色寺大经堂外景

寺院建成之后，玛尼洛钦制定了一套非常严格的管理和修学制度。该寺以戒律严明、道德高尚而闻名于西藏。

随着雄色寺的发展，不只有众多的比丘尼来此学习，也有少数喇嘛从西康、安多及其他地方，投奔到玛尼洛钦的门下，在雄色寺附近的岩洞和石头房子里诵经和修行。每逢规定的时日，她在寺内经堂或寺外园林里讲经说法，听众多达数千人。玛尼洛钦在信众中的影响也越来越大，被僧尼和信众拥立为“吉尊·仁波切”，即“女活佛”。这种活佛不是前世转生形成的，而是靠自己刻苦修炼形成的，藏语称之为“让琼喇嘛”，意为“自己修成的活佛”。

1953年秋天，女活佛玛尼洛钦以120岁高龄圆寂。她的法体存放在该寺主殿的灵塔之中，供信众瞻仰膜拜。

| 雄色寺比丘尼用上了自来水

| 雄色寺高高竖立的经旗杆（玛尼杆）

雄色寺分为僧舍区和佛殿区两大部分，僧舍主要分布在离经堂不远的山坡上；经堂建在僧舍前的一块平台上，主要建筑有经堂、藏经殿和菩提塔等。

“文化大革命”期间，雄色寺遭到了一定程度的破坏。1985年后，国家拨款进行了修复。2004年11月，雄色寺佛教音乐“雄色绝鲁”经国务院批准列入第四批国家级非物质文化遗产代表性项目名录。该寺现有比丘尼130多人。

首创转世
——堆龙德庆楚布寺

楚布寺位于拉萨以西约70千米处的堆龙德庆区古荣乡那嘎村，始建于1187年，创始人为都松钦巴·却结扎巴。因该地区属于楚布氏族管辖区，故以地名命名寺名。它是藏传佛教噶玛噶举派的主寺，也是历代黑帽系噶玛巴活佛的驻锡地。

都松钦巴曾因在西藏昌都的噶玛地方修建了一

·看点提示·

楚布寺每年有一个祭祀盛会叫“楚布亚曲”，藏语意为“楚布寺夏天祭祀的节日”。据说这个祭祀的节日始于11世纪中叶，起初是为纪念藏传佛教前弘期密宗祖师莲花生大师的生日而兴办，而后旨在威吓邪魔，祈祷人间太平、风调雨顺。它在每年藏历六月初十至十二日举行，主要内容为“会供”及各种传统戏剧、羌姆等娱乐活动。在此期间，来自拉萨、日喀则等地的藏族群众除参加各种活动外，还要参加物资交流会，购买包括久负盛名的楚布寺藏香等生活物品。

楚布寺建寺碑与门外山上的晒佛台

座噶玛丹萨寺，因而被人们称为“噶玛巴”，噶玛噶举派也由此而得名。都松钦巴80岁高龄时主持修建了楚布寺，并成为第一世噶玛巴，84岁时圆寂。后来噶玛丹萨寺的地位逐步下降，楚布寺就成了噶玛噶举派四大支系的主要道场之一，同时也成为藏传佛教噶举派的主寺之一。

从元朝以来，噶玛噶举派一直是藏传佛教噶举派中势力最强、影响最大的一支派别，在政治上有左右一方的力量，与中央王朝关系十分密切。在17世纪上半

楚布寺所供奉的噶举派祖师噶玛拔希塑像

叶，它还曾一度掌握西藏地方政权。据记载，噶举派形成于藏传佛教“后弘期”，是由玛尔巴译师开创，经米拉日巴的继承，最后至塔布拉杰时，才正式建立并成为名副其实的一大宗派。从教法传承上来看，噶举派尽管派系庞杂、繁多，但其所宣扬的教义、教规大体上一致，没有很大差异，这是因为它们均源于玛尔巴和米拉日巴的教法传承。从总体上讲，噶举派的教法有两大系统：香巴噶举系统（明末清初时已衰落，创始人为克珠·琼波南交，978—1127）和塔布噶举系统（创始人塔布拉杰·索南仁钦，1079—1153，现说的噶举派主要是指塔布噶举）。塔布噶举的派系有“四大八小”，噶玛噶举是塔布噶举派所派生的四大支系之

楚布寺僧人帮助信众头触噶举派第一代祖师都松钦巴像，以求平安吉祥

楚布寺二层长廊上所悬挂的牛、羊等动物头骨，为“镇魔辟邪”之物

楚布寺所供奉的噶举派历代祖师塑像

一。噶玛噶举又分两个派系：黑帽系和红帽系。黑帽系是从噶玛拔希（1204—1283）开始的。但藏传佛教史上一般把噶玛噶举的创始人都松钦巴看成黑帽系的第一世活佛，而噶玛拔希为黑帽系的第二世活佛。

噶玛拔希，原名却吉喇嘛。“噶玛”系教派名，“拔希”为“法师”之意。噶玛拔希是藏传佛教传说中仅次于莲花生大师的宗教人物。他出生于康区，聪颖勤奋，坚持苦练修行，密法功力高深，在我国蒙藏地区享有很高的声望。他学修大成后，被元朝皇帝蒙哥册封为“国师”，并赐一顶金边黑色僧帽及一枚金印。从此，该派成为噶玛噶举金边黑帽系，一直传承至今。他圆寂前，同前世都松钦巴给弟子立“将乘愿再来”，后选定他为转世化身一样，也给弟子立下遗嘱。他说：“拉堆方向必出一继承黑帽派者。”他圆寂后，其弟子根据遗嘱寻访到了下一世转世化身。自此，活佛转世制度首先在噶玛噶举派中正式形成，以后又被藏传佛教其他教派所效仿。这就是后来举世瞩目的藏传佛教转世制度。

活佛是藏传佛教对修行有成就，能够根据自己的意愿而转世的人的尊称。藏语称“朱古”，意思是“转世者”或“化身”。

1407年，明成祖赐封五世噶玛巴为“万行具足十方最胜圆觉妙智慧善普应佑国演教如来大宝法王西天大善自在佛领天下释教”，简称“大宝法王”。以后“大宝法王”尊号成为噶玛巴的专有称号，一直沿袭至今。

自一世都松钦巴、二世噶玛拔希以来，噶玛巴现已传至第十七世。十七世噶玛巴在1992年6月，成为西藏民主改革后，经中央人民政府认定批准的第一位转世活佛。红帽系曾是噶玛噶举又一活佛转世系统。该系因曾得到元帝赐给的一顶红帽而得以建立。但红帽派十世却朱嘉措，勾结尼泊尔廓尔喀军队入侵西藏，后畏罪自杀，乾隆皇帝下令以叛国罪论处，以后禁止转世。自元朝开始，噶玛噶举派与萨迦派、帕竹噶举派几度角逐

楚布寺所供奉的“圣石”

楚布寺体量最大的释迦牟尼佛铜像

西藏的政教大权。

楚布寺坐北朝南，三面环山，以杜康大殿为中心，主殿四周环绕着4个扎仓，并以经堂、佛殿、僧舍及河南岸高大的展佛台等建筑，组成一座雄浑壮观的古老佛寺。

该寺门前是一个大广场。广场中央竖立着一方石碑“江浦建寺碑”。此碑立于公元9世纪，是楚布寺悠久历史的佐证，更是研究吐蕃时期政治、经济、宗教、文化不可多得的重要历史资料。

沿着广场的24级台阶走上去，便是楚布寺的主要建筑“杜康大殿”。大殿高三层，正方形布局，由经堂和佛殿组成，是全寺僧侣集会、诵经的主要场所。经堂内四壁绘有十六罗汉等壁画。从经堂拾级而上是桑杰多贡佛殿，殿中央供有释迦牟尼佛、无量寿佛和第十六世噶玛巴活佛的塑像。佛殿两旁为通壁大佛龛，龛中供奉着1000余尊佛像，殿侧有第十六世噶玛巴活佛的灵塔。

杜康大殿第二层为经堂的天井，长廊上悬挂着牛、羊等动物头骨，佛殿里供奉着第一世至十六世黑帽系噶玛巴活佛的塑像。

大殿第三层主要是活佛居室和摆满各种佛教经典的藏经室，又称“贝卓越康”。

楚布寺西侧有两座金银包裹的白塔，相传为楚布寺大师都松钦巴所建。前塔为方形塔座，上为宝瓶状塔身；后塔的塔座、塔身皆为方形，形制古朴。

楚布寺拥有大量稀世文物，二世噶玛巴所铸的高约6米的楚布“拉干”（释迦牟尼大佛）、米拉日巴曾用过的钵、都松钦巴的僧帽等都是楚布寺弥足珍贵的宝物，并珍藏有元、明、清各朝给该派活佛的赐物和大量经典。

楚布寺始建时规模并不大，后由第二世活佛噶玛拔希在元朝中央的资助下进行了扩建。1410年曾毁于地震。1414年，第五世活佛德银协巴在明成祖的资助下修复楚布寺。“文化大革命”时再遭毁坏，20世纪80年代后，国家拨款进行了修复。该寺现有僧侣300多人。

重法守戒

——林周达隆寺

达隆寺位于西藏自治区林周县旁多乡达隆村的恰拉山麓，距离拉萨市约有140千米，为藏传佛教达隆噶举派的重要道场和主寺。

1180年，达隆噶举派创始人达隆塘巴·扎西贝（1142—1210）创建了达隆寺。他在此弘传噶举教法，教授内容虽出自帕竹噶举系却因宗风不同，被称为达隆噶举派。据记载，扎西贝“18岁前往萨迦寺，从拉康巴·西热多吉和上师次敦国芒处受戒出家，并取名为扎西贝”。他从格西扎衮那里学习了《中观论》和《现观庄严论》以及密宗等方面的许多知识。

·看点提示·

从达隆寺往颇多瓦方向的山峰间，有一个叫作瑟琳轨仓的地方，是达隆塘巴·扎西贝曾经居住过的殊胜之地。

另外，每年藏历四月十日至十二日，达隆寺僧众都要举行隆重的林羌藏戏表演。

达隆寺大经堂外景

24岁时，扎西贝拜帕木竹巴为师，修学噶举派教法6年。1170年，帕木竹巴去世后，他去墨竹工卡跟随却喀巴学噶当派教法，后又前往隆雪及肖玛热等地从师学法，受比丘戒。对噶当、噶举派教法有较深的造诣。29岁时，他在彭多、赛勒、塘果等地修学7年。1180年，他39岁时，偕徒17人受请来到达隆的山里。此地曾是博多哇（阿底峡大师的弟子，曾任热振寺堪布）的住地。扎西贝在这里择一处岩洞居住下来，后在达隆佐热上部修建达隆寺。达隆噶举由此而得名，扎西贝也因此被称为“达隆塘巴”。

达隆寺僧人的戒律十分严明，绝对禁食酒肉，禁止妇女留宿，长期孜孜不倦，专注学业，和衣而睡。僧人最多时达到4000余人。

1240年，蒙古阔端的将官多达进藏后，向阔端报告说：“藏地噶当派的寺庙最多，达隆派的僧人最有德

达隆寺佛龛内所供奉的祖师像

达隆寺历代活佛法座

行，止贡派的京俄大师法力最大，萨迦班智达的学问最大。”可见当时对达隆派僧人评价甚高。

达隆塘巴圆寂后，他的族侄古雅哇·仁钦贡波（1191—1236）继任达隆寺堪布（类似大学导师，并负责寺院管理）。1228年，在他的主持下修建了达隆寺大殿。

达隆寺第九任堪布扎西贝孜（1359—1424）曾被明永乐皇帝封为国师，并赐银印和诰命。

从12世纪到15世纪后期，达隆寺一直以戒行精严而闻名藏区，历任堪布皆能遵守“重法守戒”的寺院传统，这与当时其他教派寺院的戒律松弛形成了鲜明对比。

达隆寺自1273年桑杰温退位以后，形成了达隆噶举的又一大弘法道场，即昌都的类吾齐寺。据传，桑杰温离开达隆寺时，曾带走了该寺的两件珍贵圣物：一是米拉日巴尊者（对出家人的敬称）的遗骨；二是

米拉日巴生前穿过的鞋（也有说是手杖和勺子）。1276年，他本人26岁时，在今昌都类吾齐地方，修建了类吾齐寺。于是该寺成了达隆噶举在西康地区的主寺，并开始与达隆寺齐名。后人习惯上称达隆寺为“上寺”，称类吾齐寺为“下寺”。

达隆噶举的这两个主寺各有僧侣三四千人，在此后的数百年间，类吾齐寺逐渐成为昌都最大的寺院。其后，达隆寺和类吾齐寺的寺主都采用了活佛制度。18世纪以后，盛极一时的达隆噶举逐渐走向衰落。

达隆寺由一个“林”和两个“扎仓”构成，在寺僧人不允许生火做饭，僧人的日常食物即酥油和糌粑等都由达隆拉章提供。由于“林”的绝大多数僧人出身于富裕人家，因此，他们的生活状况普遍较好。因僧人生活的贫富不均而分别开设了蒙古康仓和康藏仓两个不同的学经班，由此导致了孜追活佛和玛追活佛两大活佛的

达隆寺所供奉的药师佛塑像

达隆寺所供奉的祖师扎西贝塑像

产生。其中，前者从清朝开始被赐予了“呼图克图”的职位。此外，达隆寺还有岗夏活佛系统等。该寺的夏仲和孜追两个活佛系统隶属于“林”，而玛追和岗夏两者隶属于扎仓。夏仲、玛追及岗夏三者中最年长者担任达隆寺堪布。

达隆寺所绘朝拜图壁画

1445年，夏仲·阿旺建立了有名的“达隆供奉仪式”，主要有对胜乐和遍知佛等进行26种分门别类的供奉仪式。

达隆寺原有七座康村，因为毁坏仅剩下索布康村和擦瓦康村。20世纪80年代后，在国家资金和政策的支持下，相继重建了塔杰康萨、拉章、扎西康萨和佛学院，以及僧舍和大殿等建筑，并在原塑像地供奉了新塑像。该寺现有僧侣120人左右。

新修复后的大殿为3层，面积约有618平方米，主供释迦牟尼镏金铜像和一座5米高的银制灵塔；新修复后的塔杰康萨是一座两层楼的土木石藏式建筑，坐北朝南，平面形状为长方形，面阔7间6柱18米，进深5间4柱23米，主供强巴佛等塑像。

拙火颇哇

——墨竹工卡直贡梯寺

直贡梯寺位于西藏拉萨市墨竹工卡县门巴乡仁多岗村，在雪绒藏布河北岸的半山坡上，距离拉萨有140多千米，为藏传佛教直贡噶举派祖寺。

直贡梯寺，全称“直贡梯沃明强曲林”，也称直孔寺、直工寺、直贡帖寺等，有840多年的历史。“直贡”是该寺所在地的地名，史书称“必里工瓦”“必拉公”等。

据史料记载，1179年，直贡噶举派创始人帕木竹巴的弟子直贡巴·仁钦贝（1143—1217）把其师兄木雅贡仁所建的小庙扩建成了一座大寺院，取名直贡梯寺。直贡巴的名字也由寺名而来，其所传教派则被称为“直贡噶举”。

仁钦贝是四川邓柯（今四川甘孜州石渠县）人，属居热氏家族。其家族世代信奉藏传佛教宁玛派。他6岁时学习藏文，同时在父亲身边闻习佛法。据说9岁时已能讲经说法，后拜帕木竹巴为师。25岁时随贡塘喇嘛、直隆巴、叶巴杜僧三位大师授比丘戒。1177—1179年，曾为丹萨梯寺住持，37岁时来到墨竹工卡的直贡地方，创建了直贡梯寺。从此兴盛发展起来的教派被称为直贡噶举派，成了塔布噶举“四大八小”之一中的小派。

寺院建成后，慕名来此学法者甚多，据说仁钦

·看点提示·

直贡梯寺每年从藏历二月底开始，全寺僧人便集中诵经，持续一个月。念经期间，用彩粉绘制坛城，用糌粑做一个人形怪物“楼嘎”，当作教敌或邪恶的化身。藏历三月二十八日至二十九日要跳金刚神舞。正式表演神舞时，众神要把“楼嘎”砍成碎块用火烧掉，象征教敌与邪魔已被斩尽，教法如旭日东升庇护众生。

直贡梯寺远景

贝的信徒多达10万人。仅一次法会上，外地参加者就有55500多人。

直贡噶举在西藏佛教界有一定地位。元朝初期，在分封西藏各地方势力时，直贡为前藏万户之一，直贡梯寺住持则直接担任十三万户长，还一度拥有宣慰使头衔。因该寺地处交通要道，政治上又得势，加之土地富庶，又是农牧产品集贸地，故位居前藏三大万户之首。1290年，萨迦本钦联合其他万户击败了直贡万户，直贡梯寺也遭战火焚毁，藏史称“林洛”，即寺院之乱。后来，寺院虽然修复，教派势力则大减。明永乐十一年（1413），直贡梯寺第十三任寺主仁钦贝杰被明成祖封为“阐教王”，并赐印诰，其子孙得世袭此职。清朝时，该寺处于格鲁派政权达赖喇嘛管辖之下，也采用活佛转世制度，延续至今。

直贡梯寺坐北朝南，占地面积约3000平方米。其主要建筑由大经堂、藏经楼、坛城、护法神殿和修禅

密室组成。寺内供奉以元清时期作品为主的众多佛像和数以万计的珍贵文物。尤为珍贵的是寺内供奉着一座由响铜所铸的被称为“世界装饰”的佛塔。据说，它最初是由阿底峡大师亲自迎往热振寺，后由第司·帕木竹巴从该寺迎请至直贡梯寺。该寺鼎盛时期，有僧侣1000多人。

直贡梯寺修禅密室散落在主佛殿周围的山坡上。每个禅室只有一个小木门和小窗口，面积六七平方米。寺里规定僧人在密室中修习时间需三年三个月零三天，最短也需六个月。修满三年以上者，可得到“仓巴”（修禅者）头衔。

描绘直贡噶举派祖师仁钦贝的唐卡和历代住持法座

直贡梯寺华丽的佛龛

直贡梯寺所供奉的由法王觉巴创制的蛇心旃檀护教法身度母像

直贡梯寺所供奉的度母铜像

直贡梯寺修禅密室

修习“拙火定”是该寺的一大特点，据说修成后，在御寒等方面有着特异的功能。修成拙火定的人能在冬天将刚从水中捞出的袈裟披在身上烤干。如果下了雪，他在屋里发功后，屋顶上的雪即刻可以融化。但它因复杂难学，修成者寥寥无几。据说到目前为止，该寺修成拙火定的共有两人：巴穷仁波切和丹增尼玛。施行“颇哇功”，即“灵魂出窍法”，也是该寺僧人独有的灌顶方法。据说，它能使人获得无上加持力，死后灵魂由头顶出窍进入极乐世界或投生“三善道”（天道、人道、阿修罗道）。

直贡梯寺外还有一个直贡天葬场，被称为“世界三大天葬场”（印度“斯白天葬场”、西藏山南“青朴天葬场”、西藏拉萨“直贡天葬场”）之一。天葬场不远处有六个前世直贡活佛的灵塔。

直贡梯寺天葬场

据史书记载，西藏最早并不实行天葬，而是土葬。山南琼结县的藏王墓埋葬着吐蕃王朝21位藏王和王妃；朗县和洛扎等县的吐蕃墓葬也有数百座，都是最好的例证。

据说，11世纪，印度著名僧人唐巴桑杰来到西藏创立了藏传佛教希解派。他竭力鼓励民众进行天葬，亲自率领信徒围绕天葬台念经超度死者的灵魂。佛教徒崇尚灵魂，贱视肉体，认为灵魂已经脱体，留下的只是一副皮囊没有什么用处，用来喂鹰鹫是一种功德，有利灵魂转世。但也有学者认为，天葬是由直贡噶举派创立。1179年，直贡巴·仁钦贝兴建直贡梯寺，并在当时推行且完善了天葬制度。

目前，直贡天葬场每天都要接受10多名藏族亡人。这里既有100多名僧人为死者念经超度，又有天葬师天葬，除了附近僧俗群众将死者送来外，拉萨、林芝、那曲等地的群众也常慕名前来。据西藏自治区民政厅调查，西藏目前共有1075座天葬台，有近百名民间天葬师。

直贡梯寺每年藏历三月二十八日至二十九日要跳金钢神舞。跳神开始时，场上鼓钹、蟒号齐鸣，先由铁棒喇嘛带领仪仗队出场，然后黑帽金刚、各护法神、鬼怪、骷髅依次鱼贯而行，绕场一周，展示各种佛法形象。礼毕，再分段表演各种神鬼舞。在表演各舞段之间，还要表演宣扬乐善好施的佛本生故事片段，如哑剧“舍身饲虎”“割肉贸鸽”等。最后一场是排甲兵驱鬼迎祥，众神兵出动，携火枪和兵器送“棱嘎”，将其押至寺外，点火焚烧。顿时土枪火炮齐鸣，口哨声、吆喝声响成一片，以驱一年之邪，祈来年之福。

此外，直贡梯寺的佛教音乐暨直贡噶举派音乐、直贡噶尔羌姆分别于2008年和2010年被列为国家级非物质文化遗产。

“文化大革命”时，该寺院遭到破坏，僧人被逐。1982年后，国家拨款予以修复，并对外开放。2016年，国家又投资保护和维修了包括直贡梯寺天葬场在内的西藏47处天葬场。该寺现有僧侣200多人。

佛智广慧

——林周那兰扎寺

·看点提示·

在新建的大殿里，供奉有曾在吐蕃时期传教的印度佛教僧人寂护大师和阿底峡大师的铜像，也供奉有释迦牟尼佛铜像、钦绕曲吉高僧的银制灵塔。护法神拉康则供奉有大黑天等护法神像和檀香木制成的灵塔等。

那兰扎寺位于西藏林周县卡孜乡，由萨迦派高僧衮钦·绒敦于1435年建立，距离拉萨市区约有80千米，为藏传佛教萨迦派寺院。

高僧衮钦·绒敦，衮钦意为“广慧”，是尊号，“绒”即嘉绒（含今四川马尔康、大小金川、丹巴、康定等地）。“绒敦”即绒大师，也是他的尊号。他原名玛威僧格。18岁时赴卫藏桑浦寺求学，广研经书。后来到年楚的地方，学萨迦派教法数十年

那兰扎寺主殿外景

之久。又从师大乘法王衮噶·扎西坚赞，学习密乘教法。70岁时在林周县修建那兰扎寺，一时名声大振，前来拜师求学者甚多。于是，他广招弟子、弘扬佛法，培养了不少有名的弟子。如嫡传弟子森巴、迅努杰乔、纳塘巴、扎巴森格等都是藏传佛教的高僧。

1449年，83岁的衮钦·绒敦圆寂，达布·扎西朗杰继任寺院住持，于寺内建衮钦·绒敦的灵塔，并保留其讲经台等。那兰扎寺鼎盛时期近千名僧人在这里主修萨迦派教义。

已近300年历史的那兰扎寺五明文化学院是西藏目前唯一的一所寺办学校，曾在“文化大革命”期间中止教学。1983年后，国家先后拨款对那兰扎寺进行修复，1992年恢复了教学。现在一些来自西藏不同寺院的学僧，都要来此进行为时8年的藏医、佛学、天文历算、诗词、梵文等文化知识的学习。

那兰扎寺占地面积约1500平方米。有甲荣康村、林康村、擦瓦康村、拉朵康村、释霍康村五个康村。觉杰桑钦扎仓供奉有《续部》(大藏经中密宗密法的经

那兰扎寺供奉的金刚萨埵铜像

那兰扎寺供奉的寂护（又名静命）大师的铜像

与论）等经典，森沃通门扎仓又分修行显密二宗的两个扎仓。那兰扎寺现有僧侣50多人。

那兰扎寺佛殿内景

山南

佛经首藏

——乃东雍布拉康

雍布拉康位于西藏山南市乃东区泽当镇东南方雅砻河谷的一个小山岗上，为西藏历史上的第一座宫殿，最初并非寺院。雍布拉康，藏语意为“母子宫”或“母鹿后腿似的宫堡”，现属于藏传佛教格鲁派寺院。

雍布拉康全景

·看点提示·

雍布拉康宫殿里的四壁绘满了色彩绚丽的壁画，描绘了出现第一个藏王、修建第一座宫殿、开垦第一块耕地的故事。还描绘了拉妥妥日年赞时期，一部佛经从天而降，落至雍布拉康的情境等，画技精湛，十分逼真。

从雍布拉康俯瞰雅砻河谷

相传公元前237年，第一代藏王聂赤赞普修建雍布拉康，确立了西藏大多数寺院、宫殿、庄园都建在山头上的基调，形成雄踞一方、傲视一切的气势，也奠定了藏式宫堡建筑的基本风格。

雍布拉康的建筑分为两部分：前部是一座三层楼

雍布拉康所供奉的释迦牟尼佛塑像

雍布拉康所供奉的吐蕃赞普松赞干布塑像

雍布拉康二楼供奉着众多佛像、唐卡和经书

雍布拉康金顶

房，后部是一座宫堡式的高建筑，两者相连，均以石块砌成，巍峨挺拔，气势雄伟。底层房屋呈长方形，进门有一宽3间、深3间的门厅，再进为佛堂。大佛堂的后面有三世佛（过去佛燃灯古佛、现在佛释迦牟尼佛、未来佛强巴佛），北壁为聂赤赞普、拉妥妥日年赞、松赞干布、赤松德赞、赤热巴巾等历代赞普的塑像。南壁为文成公主、赤尊公主坐像。另塑有吐蕃时期著名大臣禄东赞和藏文创始人吞米·桑布扎的立像。旁边还有文殊菩萨、无量寿佛、白度母、尊胜佛母等塑像。二楼后面的殿堂里有一多格佛龛，内供弥勒佛（强巴佛）、宗喀巴、莲花生、文殊菩萨等大小铜像；二楼左壁供奉由《甘珠尔》《丹珠尔》两部分组成的经律论大藏经。《甘珠尔》是释迦牟尼佛讲话的记录（“甘”意为“教”，“珠”意为“翻译”），称为“正藏”；《丹珠尔》是佛教弟子及后世佛教学者们对释迦牟尼的教义所作的论述及注释（“丹”意为“论”），称为“副藏”。此外，殿内前方还有四大护法金刚像。

关于雍布拉康的修建，民间有这样一段神话故事：相传公元前237年的一天，雅砻河谷苯教牧人发现了一位英姿勃发的聪慧青年，他的言语举止与本地土著人明显不同，牧人发现后把他抬着请回部落，并拥立他为部落首领。人们尊称他为“聂赤赞普”。藏语中，“聂”是“脖子”，“赤”是“宝座”，“赞普”是“英武之王”。因为他是被苯教牧人驮于脖颈上请回的，故称“用脖子当宝座的英杰”。雍布拉康就是人们为聂赤赞普修建的王宫。从此，人们就把藏王称为“赞普”。而聂赤赞普是吐蕃部落第一个首领，从此开始到西藏历史上第一个王朝——吐蕃王朝的建立，一共传了33代。在松赞干布以前，这里一直是部落首领居住的宫殿。在松赞干布这一代，雅砻部落征服了其他诸小部落，建立了统一的吐蕃王朝后，大本营才转移到北面的拉萨。

据史书记载，唐代文成公主入藏时曾在此稍住，仅作为夏宫，冬宫则迁至不远处的昌珠寺。后经藏王松赞干布和五世达赖喇嘛扩建，雍布拉康有了佛堂、僧舍，并逐渐有了出家僧人，后来成为格鲁派寺院。成为寺院以后，历代对它都曾有不同规模的维修和建设。

雍布拉康不仅是西藏历史上第一个著名的王宫，而且在藏文经书上也被认为是最早收藏佛经的寺院。相传，第27代赞普拉妥妥日年赞有一天在雍布拉康的屋

雍布拉康塔殿相望景观

顶上休息时，突然从天上降下几件神秘的东西。其一是《百拜忏悔经》，系印度佛教密宗经典。其二是舍利佛塔。其三是“六字真言”，即梵语“唵嘛呢叭咪吽”，也为六字陀罗尼（神咒，真言之意）等。从字面解释，六字真言是“如意宝贝啊，莲花呦！”这一感叹语句，其内涵较深，具体解释是：“唵”表示“佛部心”，念此字时要身、口、意与佛成为一体，才能获得成就。“嘛、呢”二字，梵文意为“如意宝”，表示“宝部心”，又叫嘛呢宝。据说此宝隐藏在海龙王的脑袋里，有了此宝，各种宝贝都会聚会，故又叫“聚宝”。“叭、咪”二字，梵文意是“莲花”，表示“莲花部心”，比喻佛法像莲花一样纯洁。“吽”表示“金刚部心”，是祈愿成就的意思，即必须依靠佛的力量才能达到“正觉”——成佛的境界。藏传佛教后来将这六字视为一切根源，循环往复念诵，可消灾积德、功德圆满。

还有一传，有菩萨在空中对拉妥妥日年赞说：“在你以后五代，将有一个懂得这些圣物的赞普出现。”当

雍布拉康所绘宗教生活的壁画

时吐蕃还没创制文字，因而无人知晓这些经书的内容。于是，这些圣物被称为“宁布桑瓦”，意为“神秘的宝物”。拉妥妥日年赞便把这些供奉在宫殿内，直到松赞干布时，由于佛教的传入、文字的创制，人们才真正了解这些圣物的含义。

据藏族文史籍《青史》记载，有一个叫伦巴班智达的僧人作过考证，认为所谓“天降之神物”，是一个叫罗桑措的僧人从印度带来的。据传，他原来是想在西藏传教，但由于语言不通，加之当时的西藏以苯教为国教，故未能如愿。所以他在临走时将这些经书和佛塔留给拉妥妥日年赞作为纪念。到了7世纪，松赞干布派人到印度学习梵文并创制了藏文，才将这些神秘的经书翻译成藏文。由于佛法“神秘的宝物”最早降临于雍布拉康。因此，雍布拉康也就被佛教徒们看成藏传佛教的圣地。

雍布拉康现有七八名僧人，其建筑规模虽不是很大，但它在西藏宫殿建筑史上却有着悠久的历史和重要地位，是一座承载着大量文化内涵且影响深远的古老建筑。

鹞龙唐卡

——乃东昌珠寺

·看点提示·

昌珠寺内现存有吐蕃时期的珍贵壁画，与墙壁上如今新绘壁画相映生辉。同时，松赞干布和文成公主当年用过的立桩型土灶和陶盆还保留在寺院里，古色古香，已成为珍贵的文物。

昌珠寺位于西藏山南市乃东区泽当镇南郊外的贡布日山南麓，距市首府泽当镇约有5千米，是西藏历史上最早的佛殿之一，现属藏传佛教格鲁派。

始建于7世纪中叶松赞干布时期的昌珠寺，距今已有1300多年历史。相传，松赞干布迁都拉萨的时候，文成公主曾得一卦，云："妖魔罗刹女的臂膀伸到贡布日山西南（今昌珠寺所在方位），需要在那里建一座寺庙镇邪。"当时，那里是一片大海，湖中有恶龙作浪。松赞干布化身大鹏经过恶斗降伏了恶龙，最后得以建寺。昌珠寺藏语译意为

昌珠寺外景大门廊。从此门廊往里走是小庭院和最早的二层建筑乃定拉康

“鹞龙寺”。“昌”即鹰或鹞，“珠”为龙。

昌珠寺初建寺时的乃定拉康，原为两层佛殿，仅有6门6柱的75平方米规模，后经不断扩建和修缮，面积达到4667平方米，拥有了21个拉康、长长的转经回廊和熠熠生辉的金顶。

昌珠寺与大昭寺为同期建筑，原始风格十分接近，都是坐东朝西，由佛殿、转经回廊、庭院和僧舍组成，佛殿布局也非常相似。

走进昌珠寺大门时，会看到门廊上方悬挂着一口铜钟。在西藏寺院，铜钟有两口：一口在桑耶寺；另一口就在昌珠寺，而且都是赤松德赞三妃甲茂赞聘请汉地僧人监造敬奉给寺院的。

此外，昌珠寺二层佛殿内还供有一幅使用珍珠等宝珠串缀而成的珍珠唐卡，是该寺的“镇寺之宝”。这幅观世音菩萨憩息图，是元末明初的西藏帕木竹巴王朝（元、明两代西藏地方政权名）时期，由乃东王的王后出资制成的。它长2米、宽1.2米，共用珍珠1300克（计29026颗）、钻石1颗、红宝石2颗、蓝宝石1颗、紫宝石27.5克、绿松石45.5克（计185粒）、珊瑚205克（计1997颗）、黄金15.5克，堪称稀世珍宝。

措钦大殿为昌珠寺主体建筑，由殿前廓院、大殿和回廊三部分组成。大殿底层平面呈凸字形，建筑内部中间为天井，呈半开敞明堂形式。经堂有柱64

昌珠寺喜珠节拉康所供奉的释迦牟尼缂丝唐卡

昌珠寺措钦大殿内景

昌珠寺所供奉的著名珍珠唐卡

昌珠寺的墙壁佛龛

根，东西长为45米，南北宽为29米，总面积达1300平方米。其主佛殿在东侧，共三间。西、南、北三面的墙很厚，凿壁建造佛堂，宛如洞窟。殿内有噶丹拉康、喜珠节拉康、达金拉康、曲结拉康、措钦拉康、脱吉拉康、赤巴拉康、德谢拉康、乌金拉康、通追拉康等12座佛堂。其中措钦拉康为正殿，进深3间，面阔3间，主供三世佛铜像，其两侧为佛陀十大弟子立像；曲结拉康位于正殿之北，殿内供奉松赞干布、文成公主、赤尊公主，以及大臣禄东赞和藏文创始人吞米·桑布扎等的塑像；喜珠节拉康，宽3间、深2间，主供十一面大悲观世音塑像。殿中有宗喀巴、贾曹杰和克珠杰等格鲁派祖师像壁画；乌金拉康位于南墙中段，分前后二室，主供像为无量寿佛、四臂观世音和莲花生大师等。大殿二层的朱巴拉康是达赖喇嘛行宫，里面供奉着莲花生大师金刚杖等法器；此外，二层还有噶鸠拉康和护法神殿。

昌珠寺所供奉的“三世佛”铜像

昌珠寺所供奉的释迦牟尼佛镏金铜像

在大殿外面，设回廊一圈，回廊的西、南、北三面皆绘有壁画，除佛教故事外，还有五世达赖、固始汗、第司·桑杰嘉措（1653—1705）三人像。在南北廊的里端，各有一座印度窣堵波式石塔，北塔是7世纪松赞干布所建，南塔是后来重建。寺院四周的柳林，相传为文成公主亲手种植。文成公主当年在山南生活了30多年，曾把雍布拉康当作夏宫，昌珠寺为冬宫。有关文成公主的故事在这里广为流传。

昌珠寺与大昭寺一样，创建之初都不能称为“寺

昌珠寺朱巴拉康所供奉的莲花生大师金刚杖

昌珠寺所供奉的八大菩萨（文殊、普贤、观世音、弥勒、地藏王、除盖障、虚空藏、金刚手）部分塑像

院”。因为按照佛教的说法，作为弘扬佛教教理的道场，必须具备佛、法、僧三要素，即佛教“三宝”，缺一不可。当时，西藏还没有系统翻译佛经，更没有能宣讲佛教教理和戒律的出家僧人，昌珠寺和大昭寺一样，只能算是“佛堂”。但既然已经把佛祖和菩萨请进了殿堂，“三宝”齐备的寺院的时间也就不远了。8世纪中叶，金城公主的儿子赤松德赞在昌珠寺和大昭寺之间的雅鲁藏布江北岸建起了桑耶寺，开始大量翻译经书，培养僧人，为昌珠寺向“三宝”齐备的寺院发展开拓出广阔的空间，昌珠寺也渐渐成为香客络绎不绝的名寺。

元末明初，萨迦王朝走向衰微，地处雅砻河谷与雅鲁藏布江交汇平原的帕木竹巴万户长绛曲坚赞的势力迅速强大，欲取萨迦而代之。绛曲坚赞派人去元朝大都朝贡，被元顺帝册封为“大司徒”，正式取得对西藏的全面统治。绛曲坚赞在中央政府的支持下，对昌珠寺进行了一次大规模的维修和扩建，增加了许多壁画和塑像，昌珠寺今天的规模就是在绛曲坚赞时代基本定型和延续下来的。从五世达赖喇嘛阿旺罗桑嘉措（1617—1682）之后的历代达赖喇嘛每年也都要定期到此添香礼佛。

昌珠寺历经千年沧桑，在不同的历史时期进行多次修缮和扩建之后形成了现在的规模。1961年，昌珠寺被列为全国重点文物保护单位。2008年，国家拨款2858万元对昌珠寺主体建筑和寺内壁画进行全面修缮，使它重现昔日风采。该寺现有僧侣约40人。

昌珠寺所绘的宗喀巴大师说法图

昌珠寺外墙上的石刻造像

唐系道场

——琼结唐波且寺

·看点提示·

唐波且寺原藏文物有12部佛经（系阿底峡从印度带来），还有手抄本《甘珠尔》108部、《丹珠尔》一套，以及格鲁派高僧所著医学、历算、艺术等经卷。尤其是该寺大殿壁画受损较小，至今犹存，旧貌依然可寻。

唐波且寺位于西藏山南市琼结县下水乡唐布其村，背临琼结河，前靠阿布山，距离县城约有10千米。唐波且，藏文史料中称为“索那唐波且”，意为大坝头烧制木炭之地。1017年，由珠梅·楚臣炯乃所创建，早期属于藏传佛教噶当派寺院，后改宗为格鲁派寺院。

据《黄琉璃》记载，珠梅·楚臣炯乃生于后藏，幼年出家，后拜鲁梅·楚臣喜饶（西藏佛学家）为师，研读了大量的佛学经典，知识渊博，成为鲁梅门徒“四柱八梁三十三椽”中的主要人物，也是西藏后弘期有名的“十人智者”之一。

唐波且寺场院外景

唐波且寺经堂里的供像

珠梅·楚臣炯乃依照法师鲁梅的意愿，于1017年修建了唐波且寺。寺修成后，他任了一段时间的住持，后将寺权交给了弟子枯敦·尊追雍仲（1011—1075）。自此，枯敦·尊追雍仲便成为唐波且寺的第一任堪布。枯敦·尊追雍仲出生于后藏，始拜珠梅为师，后又拜西藏传法的阿底峡为师，成为西藏佛教史上的著名人物，被认为是阿底峡最得意的门徒之一。

据藏文史书记载，9世纪，达摩（朗达玛）赞普在位时（838—842）毁法灭佛，西藏佛教遭受严重打击，主要寺院被拆毁，佛教活动几乎终止，而唐波且寺作为后弘期的寺院，特别是在早期，其地位也就显得越发重要，是当时重要的“唐系”道场，被誉为“圣地”之一。在11—13世纪中，它不但以圣地著称，而且还产生了很多讲经的法师和重要人物。后来，由于历史的变迁，拥有1000多名僧侣的唐波且寺渐渐衰退。至20世纪初，第十三世达赖喇嘛土登嘉措（1876—1933）时期，甘珠尔活佛洛桑土旺顿旦（琼结境内包乌寺的创建

唐波且寺所绘的金翅鸟壁画

唐波且寺所绘清朝驻藏官员尊重宗教信仰的情景壁画

人）为了弘扬佛法，于1916年主持修复了唐波且寺。

唐波且寺坐西朝东，总占地面积8556平方米。主要建筑包括经堂、佛殿、觉康。大殿高三层，设有经堂和佛殿。大殿前为辩经场，地面用石料铺成，面积约400平方米（东西长20米，南北宽20米）。大殿一层正东即为殿门，门前左右建有厢廊，上可入二层。中部为经堂，有柱12根，主要供奉阿底峡及其弟子枯敦·尊追雍仲和仲敦巴·嘉瓦郡乃、莲花生、宗喀巴、五世达赖喇嘛的铜像，均高1.5米。经堂内壁画有主尊画像、各类菩萨以及护法神像。经堂后为佛殿，有柱4根，主供释迦牟尼佛，其左、右为文殊菩萨、强巴佛，其后为十六罗汉、药师八如来的塑像及帕木竹巴等5个噶举派高僧的舍利塔。经堂南侧为护法神殿，殿内主供马头金刚（马头明王）、牛头明王（大威德金刚）泥塑像，据说这些塑像是原来存物。大殿二层为寺内议事办公场地。三层是文殊殿，主供高1.9米的文殊鎏金铜像；还有阿底峡舍利塔和枯敦·尊追雍仲灵塔，均高1.9米。

觉康位于大殿东侧100米处，有柱6根，殿内主要供奉阿底峡、仲敦巴·嘉瓦郡乃、枯敦·尊追雍仲、莲花生、十一面观世音泥塑像。

“文化大革命”期间，唐波且寺遭损毁，后在国家的帮助下完成修复。该寺现有僧侣10多人。

唐波且寺保存完好的二十一度母（部分）像壁画

唐波且寺供奉的宗喀巴大师讲经图唐卡

唐波且寺护法殿壁画及跳神面具

译师驻锡

——乃东达杰林寺

·看点提示·

达杰林寺内藏有三套《甘珠尔》和一套《丹珠尔》大藏经，以及第五世达赖喇嘛缎质唐卡和传说由魔皮制成的护法神唐卡。寺内遍绘壁画，内容十分丰富，许多组壁画旁有藏文说明，尤为珍贵。

达杰林寺位于西藏山南市乃东区境内，在区驻地泽当镇以南约40千米处的亚堆乡曲德贡村，又称“曲德贡寺”“上曲德寺”。该寺建于11世纪，属于格鲁派寺院。最初是大译师热罗泽瓦的住宅，十三世达赖喇嘛土登嘉措（1876—1933）时曾进行扩建，形成现在的规模。

达杰林寺坐北朝南，占地面积11993.8平方米。主体建筑为大殿和僧舍。大殿长72.2米，宽30.9米，建筑面积2231平方米。

达杰林寺外景

大殿第一层中部基本位于地面以下，内砌有矩形的厚石墙。第二层为大经堂及佛殿。大经堂面阔7间、进深6间，4根高6.5米的大木柱直达第三层，形成了高侧天窗。佛殿主供宗喀巴大师与他的两大弟子贾曹杰和克珠杰、释迦牟尼佛和十三世达赖喇嘛的镏金铜像、丹东米若杰高僧的银质像，两侧还供奉有三世佛及八大菩萨弟子塑像，东侧供有多杰羌活佛、白度母和无量寿佛等塑像。

达杰林寺所绘四臂观世音像（中）壁画

第三层设有3个佛堂及达赖喇嘛的寝室，过去每年夏天达赖喇嘛都要来这里讲经说法；中间佛堂内供奉多杰羌活佛塑像，还供有高达一米多的第五世达赖喇嘛阿旺·罗桑嘉措的医生罗桑曲扎的塑像及灵塔；西边佛堂里供有千手千眼观世音（简称“千手观

达杰林寺大经堂的高侧天窗

达杰林寺佛龛里供奉的十一面观世音像，这尊镏金铜佛像约有800年历史

达杰林寺佛殿内景

达杰林寺供奉的十世达赖喇嘛塑像

音”）菩萨像；东边佛堂内供有二十一尊度母像。整个主体大殿，建筑严谨。

达杰林寺曾因是大译师热罗泽瓦的住宅，并因十三世达赖喇嘛曾在此讲经说法，使得该寺声望很高，在当地颇有影响。

该寺20世纪50年代被废弃，寺藏文物散失。20世纪80年代，随着党的宗教政策逐步落实，寺院宗教活动逐渐恢复。2008年，国家投资对达杰林寺进行维修保护，基本恢复了原貌。

2013年，达杰林寺被国务院列为全国重点文物保护单位。该寺现有僧侣100多人。

达杰林寺所供奉的千手观音塑像

二利宝藏

——加查塔拉岗波寺

塔拉岗波寺位于西藏山南市加查县计乡境内的塔拉岗波神山顶，距离乡政府所在地约有4千米，海拔为4150米，寺名由山而得名。它由著名噶举派大师塔布拉杰·索南仁钦于1121年创建，为藏传佛教塔布噶举派祖寺，在西藏古代寺院中占有十分重要的地位。

该寺建筑依山体大致呈东西方向一线分布，北靠山巅，南对雅鲁藏布江河谷。主体建筑分上下两个层次，分别位于山顶崖上及山腰坡麓地带，占地范围东西长约200米，南北宽约50米，面积10000余平方米。

塔布拉杰，又称索南仁钦，幼年时攻读医学，对藏医药学颇有造诣，故称“拉杰”(医师)。他26岁时进入佛门，起初学习噶当派教义，32岁时拜苦修大师米拉日巴为师而成为噶举派的著名弟子，并著有融合噶当派和噶举派教义的《道次第解脱道庄严论》一书。

据《西藏佛教史略》记载，噶举派是一个注重口传的教派。“噶”的本意是佛语，为师长的言教。“举”意为传承，合起来为则“口传”。噶举派注重密法的修习，而这些密法的修习又必须通过口耳相传，这就是噶举派的由来。此外，也有人把“噶”

·看点提示·

在塔拉岗波寺措钦大殿内，供奉着塔布拉杰的塑像和佛牙舍利塔。供台中间还放着一对硕大的牛角，据说这是塔布拉杰曾骑过的牦牛遗物。

在新修复的祖拉康里，供奉着2002年西藏自治区考古人员清理发掘出的一尊释迦牟尼佛像，它用一种特殊的合金制造而成。此外，还供奉有10多幅珍贵的唐卡及许多铜质佛像。唐卡中以塔布拉杰的5幅画像最为精彩，人物神态怡然，周围的山水动物栩栩如生。

塔拉岗波神山与寺院

解释为“白色”，把“噶举”译成“白传”。其理由是这一派的创始人玛尔巴（1012—1097）、米拉日巴等在修法时都穿白颜色的僧衣。以后凡是修习噶举教法的人，都要穿白色僧衣，故此又把噶举派称为“白教”。

1121年，在米拉日巴大师的谕示下，塔布拉杰从沃嘎（今西藏桑日县境内）来到雅鲁藏布江北岸的加查县和朗县之间的“岗波桑龙”，在当地贵族俄色贡觉之子达拉岗布的资助下兴建了岗波寺。塔布噶举和香巴噶举是噶举派的两大并列传承系统。后来，香巴噶举派衰微了，而塔布噶举派则繁衍出四大支、八小支，有的支派至今传承不断，以至现在凡提到噶举派而无专指的，均为塔布噶举。噶举派为此也成为藏传佛教中支派最多的一个教派。

起初，塔拉岗波寺规模很小，只是一个修行寺，藏史称“岗布日楚”。据《汉藏史集》记载，塔布拉杰在此修习各种禅定，获得许多先知神通，境心融合，自在圆满，获得彻悟。塔布拉杰在岗波寺驻锡30年左右，有不少著名的弟子。另据藏族古籍《红史》记载，上师塔布拉杰开二利（自利与他利，借指对己对人都有好处）之宝藏，对众生造无量之福，他有五百名伞盖之大弟子。其中最著名的弟子是帕木竹巴、蔡巴、达玛旺秋、都松钦巴四人。四人分别创立了塔布噶举的四大支系：帕竹噶举、蔡巴噶举、拔戎噶举、噶玛噶举。其中帕竹（竹巴）噶举中又分出八个小系：直贡巴、达隆

塔拉岗波寺外景

巴、主巴、雅桑巴、绰浦巴、修赛巴、叶巴、玛仓巴。它们就是藏传佛教史上著名的塔布噶举的“四大八小”。

1150年，塔布拉杰把岗波寺的法台职位传给了他的侄子贡巴·次成宁布（1116—1169）。1153年，一代宗师塔布拉杰圆寂。他圆寂后，岗波寺法台职位多由塔布拉杰家族的出家人继承，后又开始实行活佛转世制度。塔布拉杰一生著书丰厚，有40多种论著流传于世。较有影响的有《道次第解脱道庄严论》《岗波修法》《噶当教法次第论》《玛尔巴和米拉日巴》《岗波巴传·如意宝》《拉杰语言耳传·明鉴》等。塔布拉杰在世之年以岗波寺为根本道场，广收门徒传法，遂形成了藏传佛教后弘期著名的塔布噶举派，故藏史上又称他为“岗波巴”（意为岗波地方的大师）。从某种程度上讲，塔布噶举的创立标志着藏传佛教噶举派的正式形成。

在传教方面，塔布拉杰一改他的教师米拉日巴以“大手印”与“方便道”同时传授，不分别授的做法，视众徒根基而论，宜于受密法者，则仅传以“方便道”；宜于兼受显教者，则授以“大手印”为主，由此形成了自己独特的传教体系，开创了一代噶举派教法新风。当时藏传佛教界普遍重视讲经说法，是和塔布拉杰的积极倡导分不开的。

塔拉岗波寺已有900年的建寺历史。山崖上建有塔布拉杰的修行室，为两层建筑；山崖上的“朱布德”，为该寺僧俗修行的地方；山腰建筑为该寺的主体建筑，有塔林、佛殿、曲康宁玛、拉布让、讲经场、杜康大殿等。塔林呈“L”形，由7座

塔拉岗波寺所供奉的释迦牟尼佛铜像

塔拉岗波寺玛尼杆

灵塔组成。灵塔分为塔基、塔身、塔顶，逐级收分。塔基为方形，塔身和塔顶为圆形。佛殿面积为100平方米。殿内南侧为强巴佛殿、塔布廊瓦朗松殿，北侧为曲吉多吉祥殿、护法神殿，这部分建筑由于毁坏，现已不存在。在佛殿西端建有塔布拉杰殿，内供该寺历代转世活佛的肉身镀金灵塔8座；拉布让面积为500平方米；杜康大殿面积约700平方米；在该寺东侧山腰还有一座天葬台，面积约70平方米。

塔拉岗波寺，自塔布拉杰创建以来已有800多年历史，先后有16代高僧和10世活佛转世，却没有发展成为一个规模宏大的寺院。尽管如此，塔拉岗波寺在藏传佛教中还是产生了广泛和深远的影响。

塔拉岗波寺的许多珍贵文物，具有尼泊尔和古印度克什米尔地区以及西藏阿里地区的艺术风格和造像特征，充分表明了当时西藏与周边地区有着密切的文化交往以及塔拉岗波寺在西藏古代宗教、政治、经济、文化上的重要地位。

18世纪初，蒙古准噶尔派兵侵入西藏时，塔拉岗波寺被烧毁，后又重修，再后来渐趋颓败，“文化大革命”期间又遭毁坏。20世纪80年代后期，塔拉岗波寺开始修复。现在，每年都有上万人次的信众不顾山高路险来此朝拜。该寺现有20多名僧人。

这座两层建筑的修行室，原为塔拉岗波寺祖师塔布拉杰修行过的地方

塔拉岗波寺佛殿内景

塔拉岗波寺塔布拉杰殿内景

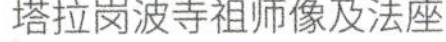

塔拉岗波寺祖师像及法座

宁玛南藏

——扎囊敏珠林寺

敏珠林寺位于西藏山南市扎囊县扎其乡敏珠林村，坐落于山峰环绕的塔巴林沟，距离拉萨约有120千米。它坐西朝东，正前方谷地开阔，山清水秀，是藏传佛教宁玛派主要寺院之一。

在藏传佛教后弘期，鲁梅·楚臣喜绕大师从安多地区学经返回卫藏后，为弘扬佛法于10世纪末，在今山南扎囊县城东约20千米处的扎其乡境内创建“太巴林”寺，是为敏珠林寺的前身。

1677年，鲁梅·楚臣喜绕的传承后代、第五世达赖经师德达林巴（仁增·吉美多吉）在“太巴林”寺的遗址上进行改扩建，同时改名为敏珠林寺。

该寺僧人以弘传“南藏”为主，兼传“三素尔”典籍。寺主以父子或翁婿相承，在其传承和办寺上具有自己独特的风格，被公认为是带有佛学院性质的寺院，特别重视僧人对藏文化的学习和传播，故该寺以注重研习佛教经典、文化修辞、天文历算、藏医藏药等知识而闻名全藏。

按照以往惯例，敏珠林寺总是定期或不定期地选派一部分精通历史、佛学、藏文和医药、历算的高僧，担任设在布达拉宫内的僧管教师；另一部分人则到门孜康（藏医星算机构）负责研究历算和编写修订《藏历年表》，曾为西藏社会培养了许多人

·看点提示·

敏珠林寺内现存文物有以银、铜、木、泥等雕塑的佛像，如佛祖释迦牟尼、随佛弟子八大菩萨、马头金刚、手持金刚、色彩和姿态不一的度母；宁玛派著名秘籍法师谷如却旺、莲花生八尊等；还有镀金镶有宝石的佛祖灵塔和各种大小不一的精制佛塔、唐卡，以及印有创建本寺的德达林巴大师脚印的大石板等大量稀世文物。

敏珠林寺三楼佛堂

才，故有“西藏第一所喇嘛学府”之美称。

1978年，敏珠林寺成立了敏珠林佛学院，学制九年，致力法脉的传承，成为西藏唯一的一座以宁玛派为自宗的佛学院。

宁玛派是传入西藏的佛教密宗与原始苯教相结合的产物。“宁玛”两字在藏语中有古和旧两重意义，因该派遵循前弘期旧密咒，故得名。又因该教派僧人戴红色僧帽，俗称“红教”。该教派以莲花生大师为祖师，以修密宗为主，其教法以“大圆满”为正传，传承形式为父子承袭或师承相传。该派初期组织涣散，到11世纪才开始建立寺院，到16、17世纪才有了较具规模的寺院。

1718年，蒙古准噶尔军队侵扰西藏时，下令人们不许信仰宁玛派，并毁灭宁玛派所有佛像、佛经及佛塔等。敏珠林寺、多吉扎寺、盘杰林寺的活佛、经师、译师、施主等许多人死于教派战乱之中，寺院的佛像、佛经、佛塔等珍贵历史文物也遭到毁灭性的破坏。

1720年，在第七世达赖喇嘛与诸僧俗官员的大力倡导下，恢复信仰宁玛派，并修复各地被毁的宁玛派寺院。敏珠林寺在吾坚尕桑和吾坚曲扎两位格西的主持下得到重新修复，一些流落他乡的老僧也重回寺院。

敏珠林寺建筑面积约有10万平方米，围墙为多边形。寺内主要建筑为祖拉康佛殿，坐西向东，高三层。殿前台阶两边有小佛龛六个，分别供奉宁玛派、噶举派、萨迦派、格鲁派等教派的祖师像。大门门廊除绘有四大天王、轮回图、世界模式图等壁画外，还在门廊的南、北壁上书写着敏珠林寺的寺史。大经堂有20根方木柱，柱高5.5米或3米，进深六间，面阔五间，四壁绘有无量寿佛、绿度母、莲花生大师像等。

大经堂右前方是白钦拉康，神殿内供有不同的神像，还存放着许多供品；北偏殿为护法神殿，门框、门楣上绘有许多人头，墙壁上也绘满不同的护法神像。这些壁画神像与所供奉的雕塑神像大都面目狰狞，多头数臂，手执各种法器或兵器，骑坐走兽或脚踏鬼怪。供奉这类神像是宁玛派寺院和密宗扎仓的一大特点。按照藏传佛教的解释，这些愤怒的护法神灵，是寺院防御敌人和恶魔的守卫者，被称为“护法神”。从艺术角度讲，这种造型粗犷、夸张的神灵形象，是西藏密宗艺术的表现，与原始苯教艺术有着密切的联系；经堂南偏殿为谢耶拉康，供有德钦却珠的银制灵塔；西边是古如措吉多杰（八种莲花生化身之一）镀金像和其他七种莲花生化身的泥塑像，以及德达林巴塑像。正中则供有《甘珠尔》经书。

从经堂由西面拱门可进入四柱佛殿。该殿主供释迦牟尼佛塑像，像高3.9米。两旁相对所站立者左面是阿难，双手捧钵；右面是迦叶，双手合掌，两尊者皆为着通肩袈裟的塑像。佛陀的两侧站着八大弟子（舍利弗、目犍连、罗睺罗、迦旃延、阿那律、富楼那、须菩提、优婆离）的塑像，均高3.6米。佛殿门口两边各有一尊3.15米高的泥塑护法神像。

祖拉康二层中间为天井，周围有5间小拉康，分别为德萨拉康、明久白珍（德达林巴之女）拉康、谢热拉康、卫朗给拉康和白玛旺杰拉康。其中，德萨拉康主供堆莲塔、大菩提塔、吉祥门塔、败处道塔、神降塔、分合塔、殊胜塔、涅槃塔等8种塔以及第九代赤巴贡桑旺杰的银制灵塔等；谢热拉康主供十六罗汉；白玛旺杰拉康供奉第五代赤巴白玛旺杰的银制灵塔（两层楼高）；卫朗给拉康供有镀金佛像、银制灵塔和手抄本《十万般若颂》。

祖拉康第三层有两个小拉康，并绘有历代著名宁玛派高僧壁画像，如第一代大师释迦琼乃、第二代大师喜绕扎巴、第三代大师绰普巴·释迦僧格等。房顶有镀金法轮、雌雄鹿、金顶等，雄伟壮观。

敏珠林寺除主要建筑祖拉康外，还有曲科伦布颇章。第一层为经堂，主供德达林巴镀金像，壁画为十方佛；第二层供十一面观世音菩萨金铜像；第三层为历代高僧的卧室。

敏珠林寺历史悠久，寺规严密，对佛教的发展和藏族文化的传播起了积极的推动作用，先后出现了不少精通佛法、学识渊博的高僧大德。该寺院还收藏了不少珍贵经典、壁画、唐卡等文物。尤其该寺保存下来的人物众多，内容丰富，技艺精湛的早期壁画，堪称珍品。同时，敏珠林寺生产的藏香远近闻名，其藏香不仅是佛教信徒供奉神灵的必备品，而且是人们日常生活中净化空气、预防疾病的产品。

“文化大革命”期间，敏珠林寺被破坏。20世纪80年代，国家拨专款进行维修，现已基本恢复原貌。2006年，敏珠林寺被国务院列为全国重点文物保护单位。该寺现有僧侣50多人。

宁玛道场
——贡嘎多吉扎寺

多吉扎寺位于西藏山南市贡嘎县昌果乡境内，距离拉萨市城区80多千米，为藏传佛教宁玛派重要寺院之一。

“多吉”乃“金刚”之意，“扎”意为石山。寺名因寺院建在形似金刚杵的山岩而得名。

16世纪晚期，原十三万户之一的拉堆绛的统治者扎西道吉被辛夏巴家族打败，辖地尽失，遂而传法，聚有不少信众，称“艾旺教团”。后来，扎西道吉在拉萨以南的雅鲁藏布江北岸江边创建多吉扎寺，继而使之成为宁玛派在前藏的主寺和大道场。该寺僧人以弘传“北藏”为主，并传承“三素尔”典籍，寺主转世相承。

宁玛派形成于11世纪，其教理、仪轨传承来自8世纪时的莲花生大师。它作为一个教派，不像萨迦、噶举等其他教派一直有一个中心寺院，而是分散发展的，也不像其他教派那样与地方势力有着比较密切的关系。宁玛派在元朝虽然和中央政权建立联系，但由于它组织涣散，单线传承，故始终未形成一个稳定的寺院集团势力。直到17世纪，极力推崇宁玛教法的五世达赖喇嘛建立甘丹颇章政权，大力提倡推崇宁玛教法，亲自兴建盘杰林寺后，包括多吉扎寺在内的宁玛派才有了快

·看点提示·

多吉扎寺供奉的神像奇特，主要有“出世五部”和“世间三部”。“出世五部”为修道成佛必需的本尊，有代表身语意的文殊、莲花、真实，代表功德和事业的甘露、金刚橛；“世间三部”为差遣非人、凶猛咒诅、供赞世神。“非人”原是西藏苯教中的凶神，藏语称“玛摩”，后被宁玛派吸收为护法神。其形象被描绘成黑色的既丑又愤怒的妇人。最著名的护法女神是班丹拉姆，她是众玛摩之主。

位于雅鲁藏布江北岸的多吉扎寺外景

速发展。

多吉扎寺主要建筑为东西两庭院，还有10多个殿堂。殿内供奉着各种佛像和一座4米高、镶满金银珠宝的灵塔。藏经殿藏有用金汁和优质墨所书写的《甘珠尔》《丹珠尔》等经书和人物传记，以及藏有莲花生大师弟子多吉顿觉和赤松德赞修行用的金刚橛、佛牙、米拉日巴的手杖及许多珍贵的丝织唐卡，最兴盛时有5000多名僧人。

据《西藏通志》记载，在扎洋宗山之巅，寺内有洞，高二千余丈，梯木而上，洞内石莲花佛座，座前石几盒，内有白土可食，味如糌粑，次日复生。

据说，莲花生大师当年在游历了整个西藏后最终选择了山势陡峭的扎洋宗作为闭关修行之地。在扎洋宗洞中，他以白色似糌粑的观音土为食，喝从岩缝滴下的水，一住就是三余年。这个神秘的地下溶洞，由此声名远扬。

18世纪初，蒙古准噶尔部军队侵扰西藏，宁玛派的多吉扎寺、敏珠林寺、盘杰林寺三寺尽毁，寺主白玛逞勒活佛等人被害。颇罗鼐掌管西藏地方政权期间

雅鲁藏布江边的多吉扎寺中心小广场

多吉扎寺大经堂所供奉的释迦牟尼佛金铜像

多吉扎寺所供奉的八大菩萨塑像

雪域古寺

（1728—1747）资助修复多吉扎寺。“文化大革命”期间再次遭受破坏。20世纪80年代，由国家拨专款进行修复。该寺现有僧侣30多人。

多吉扎寺大经堂内景

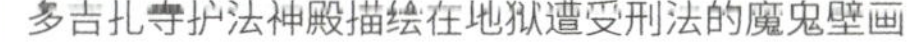

多吉扎寺护法神殿描绘在地狱遭受刑法的魔鬼壁画

多吉扎寺所绘朝觐驻藏大臣的藏柜画

多吉扎寺所供奉的两臂大黑天（玛哈嘎拉）塑像

宁玛第敦

——琼结白日寺

白日寺位于西藏山南市琼结县琼结镇东南的半山腰上，距离市府驻地泽当镇约有30千米，为藏传佛教宁玛派三大寺（琼结县白日寺、扎囊县敏珠林寺、贡嘎县多吉扎寺）之一。

白日寺始建于16世纪，创建人为喜饶温色，亦称“第敦”，即掘藏人。相传，他中年时，曾从地下发掘出佛经，并加以弘传，故人称“第敦”。他生于1581年，住雅鲁藏布江江北的昌果（今贡嘎县昌果乡境内），幼时学经，在佛学方面造诣很深，晚年除编纂经书外，还创建了白日寺。

白日寺始建时主要建筑有大殿、拉让（私邸）、僧舍、伙房，占地面积为1196平方米。系石木结构，藏式平顶。其主体建筑大殿高二层，面积527平方米。经堂有柱16根，有2根长柱直通二层，以利采光；佛堂有柱2根，主供宁玛派祖师莲花生，主尊一侧供有其明妃门达拉娃、堪珠·益西措杰的塑像；殿内还供有大译师毗卢遮那（吐蕃赞普赤松德赞时，在桑耶寺初次选拔藏族出家预试的七觉士之一，后为西藏早期三大译师之一）铜铸像和高1.6米的喜饶温色银质灵塔。

据史书记载，莲花生梵文名“帕达玛萨瓦拉”，也称乌金大师。他是8世纪时乌仗那（今阿富汗境

·看点提示·

白日寺主供佛像为宁玛派祖师莲花生大师。

白日寺外景

内）僧人，是藏传佛教宁玛派的鼻祖，为藏传佛教各派都信仰的一位佛教大师，被后人尊称为“古茹仁波切（古茹神）”。莲花生大师雕塑形象多为头戴红色尖顶帽，抱着骷髅杖，左手端骷髅碗，右手持金刚杵，趺坐在莲座上。形象酷似印度人的特征，两绺上翘的小胡子，表情介于寂静与愤怒之间。衣服颜色上衣红色，下衣绿色，披着红褐色的袈裟。莲花生也有双身形的，拥抱着和他一起修法的女性身。他是首次在西藏传播双身教法的，并有许多变化身，如愤怒明王形等。

19世纪时，白日寺第一任堪布益西次旺进行了较大规模的维修和扩建，新建了拉让（高三层）、僧舍（70间）、辩经场（16柱）、伙房、乃吉康（集会堂）、第巴色康（财产管理处）等。

新的白日寺大殿高三层，坐北朝南，系藏式平顶

白日寺早期镶嵌佛像经文石刻的护法殿外墙

白日寺所供奉的吐蕃赞普（部分）塑像

石木结构，一层主要为佛事活动场所。佛殿供有莲花生大师和他的两位明妃等塑像，后又增供了赞普赤松德赞、康钦·普第沙达（印度人）的泥塑像；护法神殿供有当木钦·多吉列巴泥塑像；经堂有柱14根。经堂内东、西两侧为经书架，置有《丹珠尔》和《甘珠尔》佛典，还有历代高僧活佛撰写的宁玛派经典及诗歌、医学、历算、艺术等典籍。经堂壁画内容为八部大论及莲花生大师的生平故事等。二层主要用于议事办公。三层为喇嘛拉康，供有宁玛派高僧释迦琼乃、喜绕扎巴、绰浦巴、隆钦饶绛巴等泥塑像。

白日寺鼎盛时期有僧侣千人，先后传承了喜绕温色、仁增·敦觉多杰等五代活佛，从第二代

白日寺佛殿内景

白日寺所绘莲花生大师双修等壁画

白日寺所绘六臂大黑天神像壁画

活佛开始转为世袭。第四代活佛仁增·白玛旺杰编写了著名经书《隆梯》。光绪二十五年（1899）拉萨发生谋害十三世达赖喇嘛事件，该寺受株连，被没收财产和土地，革除住持职务，规定以后不能转世，并设立了以堪布为首的最高寺权制度。1899—1959年，先后有益西次旺、贡觉曲穷、阿旺朗杰三位堪布被选任。

“文化大革命”时，白日寺被毁坏，建筑亦被拆除，后来逐渐修复。该寺现有僧侣10人左右。

·延伸近邻·

白日寺紧邻著名的藏王墓，两者均在琼结镇属地之内，只是前者在南边，后者在北边。

藏王墓是7—9世纪吐蕃王朝时期赞普、大臣及王妃的墓葬群，分布数里，大小不一，总面积300多万平方米。1961年，藏王墓被国务院列为全国重点文物保护单位。

墓葬均为封土墓葬，封土平面有方形与梯形两种，方形居多，均自下而上呈收分状。据《贤者喜宴》《西藏王臣统记》等史料记载，藏王墓共21座，现在明显可见的有16座，初步确定为松赞干布、芒松芒赞、赤都松赞、赤德祖赞、赤松德赞、牟尼赞普、赤德松赞、赤祖德赞、朗达玛等墓。松赞干布墓上建有松赞庙，即“松赞拉康”。内供松赞干布、文成公主、赤尊公主和大臣禄东赞、吞米·桑布扎等名人，以及释迦牟尼佛、观世音菩萨等造像。

藏王墓寺院殿门外景

藏王墓群不仅揭示了1000多年前西藏的丧葬制度和墓葬水平，而且对于研究吐蕃王朝的兴起、衰落具有重要价值。

藏王墓寺院远景

老人在藏王墓松赞拉康为酥油供灯添加酥油

藏王墓松赞拉康主供的“三世佛”塑像

藏王墓松赞拉康主供的松藏干布与文成公主、赤尊公主塑像

五俱扎仓

——扎囊扎塘寺

扎塘寺位于西藏山南市扎囊县扎塘镇，地处雅鲁藏布江南岸，距山南市首府所在地的泽当镇约有47千米。它由扎巴·恩协巴（扎囊十三贤人之一）于1081年创建，建寺初期为藏传佛教噶举派寺院，12世纪后半叶改宗为噶当派寺院，13世纪萨迦派统治西藏时，再次改宗为萨迦派寺院。

扎塘寺原名“阿丹扎塘寺”，又名“五俱扎仓”，意为五有扎塘寺。“五有”是相对桑耶寺而言。一是扎塘寺主殿（祖拉康）底层转经回廊的宽度比桑耶寺多一弓（宽0.9米）；二是中层转经回廊绘有千佛像壁画；三是底层象征龙王卓思坚；四是中层象征南王月杰钦；五是上层象征药王热互拉。扎塘寺在建设过程中，吸收了不少桑耶寺的建筑风格。

据记载，扎巴·恩协巴（1012—1090）除修建以扎塘寺为首的108处道场外，还是一位著名学者，并精于医道，有三部著作传世。《扎囊医典》是他的名著之一。他还是挖掘“伏藏”的著名人物。

扎巴·恩协巴原为噶当派高僧，后得到当巴桑杰传授息结法要，遂自成一派，称为“扎巴派”。

扎塘寺的建筑布局，是按照佛教密宗的曼荼罗（坛城）建造的。可惜在“文化大革命”中大部分建筑被毁，现仅存主殿和残缺围墙。围墙原有

·看点提示·

扎塘寺是西藏较早的建筑之一，以其壁画而享誉高原。

内、中、外三重墙，内、中围墙呈多边方形今已不存。外围墙呈椭圆形，周长750米，围墙外还有一道起防御功能的壕沟。据《扎囊县文物志》记载，在多边形内围墙里，原有许多附属建筑，其中东面有僧舍、拉章；西面有卓玛拉康、顿库拉康；南面有贡布佛殿、登增佛殿；北面有观音佛殿。中围墙内有诵经场、库房、伙房等。外围墙与中间墙之间建有结吉（大威德）拉康和佛塔。

扎塘寺门廊外景

措钦大殿坐西朝东，平面呈不规则的“十”字形，为石墙砌筑。主殿前面左、右两墙角上部各镶有一尊半身木狮像，雕刻细腻。第一层主要由门廊、经堂、佛殿、回廊等组成。门廊较为狭窄，有两根方柱，面积34.2平方米。廊壁绘有四大天王及大象、鹿等。门廊左、右两边还各设有一小门，较为少见。

经堂面阔五间，进深六间，有八棱形木柱14根，方形木柱6根。八棱形木柱高3.9米，柱头彩绘有马头金刚、文殊菩萨和莲花、卷草纹等图案。方形木柱高

6.7米，柱头雕饰有莲花、宝珠、卷草纹、龙、狮等，富丽多姿。

佛殿大门为三道拱形木门，高5.8米，宽6米。转经回廊，围绕佛殿一周，两壁绘满释迦牟尼佛传记、千尊佛、无量寿佛、供养人、观世音菩萨、兽头四大天王、护法金刚、摩羯鱼、牛皮船等壁画。

佛殿内主供一佛八菩萨和二大天王塑像。释迦牟尼佛像高3.4米，佛座高1.4米。八大菩萨位于主尊前方左、右两边，均高3.5米。

扎塘寺经堂、佛殿及回廊均有壁画，尤以佛殿壁画最为珍贵，其中90%以上为早期所绘。其壁画有四大特点：一是珍贵的文物价值。900多年前绘制的壁画至今保存较为完整，画面清晰。二是悠久的历史价值。西藏寺院众多，但是900多年前的壁画保存相对完整清晰的并不多。壁画中除了佛祖释迦牟尼及菩萨外，还有

扎塘寺大经堂内景

建寺时绘制的扎塘千佛壁画

众多达官贵人、普通供养者等人物形象。他们的服饰、装饰、社会角色对于研究当时社会、历史具有重要参考价值。三是艺术价值。900多年前藏民族的绘画风格、中原汉地的绘画风格和印度的绘画风格完美地融合在壁画中。四是开放性与包容性融为一体。如壁画中的释迦牟尼佛像，面部特征是典型的印度人，脚上穿的是当时藏族的长筒靴，身上着装是中原汉地法衣。比如释迦牟尼像周边的菩萨像，面部特征也是典型的印度人轮廓，身上着装却似藏装。壁画依顺时针方向由西南向东南可分为10组，其题材主要为释迦牟尼佛率众弟子像及男女半身像，各组壁画在风格构图上较为一致，具有明显的南亚绘画风格，对研究西藏早期的壁画、外来影响、服饰等有极高的参考价值。

1996年，扎塘寺被国务院列为全国重点文物保护单位。该寺现有僧侣90多人。

扎塘寺所绘《六道轮回图》壁画

扎塘寺所绘手托神鼠守护财宝的北方多闻财宝天王（毗沙门天），又名施财天，是古印度的财神。他既是北方守土大将，又是财富之神

扎塘寺以释迦牟尼佛为中心，左、右两边为“唐服供养人”的壁画，为保存较好的早期艺术品

古城萨迦

——贡嘎曲德寺

曲德寺位于西藏山南市贡嘎县岗堆镇岗堆村，又称多吉丹寺，距离拉萨70多千米，为古城拉萨周围影响最大的萨迦派寺院之一。

贡嘎曲德寺始建于1464年，由著名萨迦派大师宗巴·贡嘎朗杰创建。宗巴·贡嘎朗杰，也称图敦·贡嘎朗杰。他生于一个名叫“图”的地方（今拉萨尼木县）的图弥（吞米）家族，故被敬称为图敦。

贡嘎曲德寺是根据印度的多吉丹坛城而建。整个布局中部为主殿，北为贡桑孜，东为仁钦岗，南为贡堂，西为哲蚌。除这些大建筑外，还有一些附

·看点提示·

贡嘎曲德寺保存着西藏现存最大、最完整的“钦孜”派壁画。由贡嘎岗堆·钦孜钦莫创立的“钦孜”绘画，与吉乌岗巴、勉塘、噶支并称西藏四大传统画派，距今已有500多年历史。2006年钦孜画派入选国家级非物质文化遗产名录。

曲德寺外景

曲德寺佛殿主供的高达3.9米的释迦牟佛塑像

属小建筑。

该寺现存主要建筑有大经堂和僧舍两大部分。大经堂高二层，整个建筑面积呈正方形，门前有2根明柱，左右门墙上绘有四大天王像。大经堂内有20多根木柱，能容纳数千名僧人同时诵经。

大经堂每根柱上都挂有唐卡，大殿四壁均绘有大型佛本生故事壁画，色彩艳丽、笔法精湛，为明清时期所绘；大殿进门左边是护法神殿，门口塑有护法神像，内主供大威德金刚、班丹拉姆等护法神像；大殿右边是一小佛殿，塑像曾被毁，但保存了部分精美的佛本生

曲德寺所绘礼佛图壁画

壁画，其绘画风格与大殿内的壁画有很大差异。如装饰图案、卷草纹图案明显地受到白居寺及古格画派的影响，就年代而言，似比大殿内的壁画早很多年。在前藏（拉萨市和山南市）的寺院内，此小殿的画风可谓独树一帜。

大经堂正中佛殿内供奉释迦牟尼佛，左边为强巴佛殿，塑像都很高大。佛殿门前的左右墙上绘有约2米的萨迦五祖壁画，生动地突出了萨迦派寺院的特点。大经堂正中佛殿的背后是一凹形的转经回廊，回廊两墙均绘满了大型佛经故事，绘画的年代约在清代以前。佛殿的前方为长方形的天窗，用以采光。其天窗的内壁上绘有萨迦五祖，格鲁派宗喀巴师徒，甚至带有明显中原汉地画风的大肚弥勒佛等绘画作品。其造型生动、色彩鲜艳，生动地表现出格鲁派对该寺壁画的影响。

贡嘎曲德寺主建筑二层有寝宫及扎托拉康等殿堂。

曲德寺反映历史上僧人曾遭迫害的壁画

曲德寺所绘劝人为善、不做盗抢等恶事的壁画

顶层为上师殿。

大经堂左侧为僧舍，距离数百米。大经堂前为广场，两旁设有煨桑台，中间竖有高高的玛尼杆。

寺院还有一种消灾祈福的背鼓神舞（阿羌姆）仪式，已有500多年的历史。这种独特的背鼓神舞仪式，由宗巴·贡嘎朗杰在创建寺院时一并开创。目前，寺院依然收藏着6只当时流传下来的法鼓，其中最大的直径有1.5米，厚0.5米，整个鼓面需要两张牦牛皮才能够制作完成。

曲德寺所绘传法图壁画

“文化大革命”时由于贡嘎曲德寺做仓库使用，故壁画保存得较为完好。1985年国家拨款修复曲德寺，使它基本恢复了原貌。2013年，贡嘎曲德寺被国务院列为全国重点文物保护单位。该寺现有僧侣60多人。

苯波女僧

——乃东桑丹林寺

·看点提示·

桑丹林寺的一幅苯教观世音法身像壁画，在其光环左上方，绘有不多见的苯教“卍”佛号标志。此外，殿檐一红色横木上书写着藏文“雍仲桑丹林”的寺名。在此横木上方还绘有珍贵的充满苯教色彩的蝴蝶和花卉图案，以及吐蕃风格的檐兽。

桑丹林寺位于西藏山南市乃东区泽当镇东南的贡布山上，始建于吐蕃松赞干布时期，距今有1300多年历史，属于苯教的比丘尼（俗称尼姑）寺院。该寺环境幽静，离城区不远，为当地信众诵经、拜佛的主要场所。

雍仲苯教简称“苯教”，也称“苯波教”，因僧人头裹黑巾，故俗称“黑教”。苯教的“苯”是藏文的音译，也有译为“本”“笨”字的。“雍仲”是藏语，特指“卍”这个符号。它是苯教最早使用的符号标志。苯教最初是在今阿里地区南部、古代称作象雄的地区发展起来的，后沿雅鲁藏布江自西向东广泛地传播到整个藏族地区。它是在佛教传入西藏之

桑丹林寺外景

桑丹林寺所绘苯教观世音法身像壁画，在其左环上方绘有苯教“卍”字佛号标志

桑丹林寺屋顶上的檐兽和绘画，红横木上用藏文书写着“雍仲桑丹林”寺名

桑丹林寺佛堂内景

一信徒在桑丹林寺佛堂内磕长头

前，流行于藏区的原始宗教。苯教相信万物有灵，崇拜神山和圣湖。

苯教因佛教在9世纪兴起后而没落，其很多教义与佛教整合形成了现在的藏传佛教。虽然现在苯教也把佛教经典翻改成苯教经典，但是苯教也采取了一些和佛教相反的做法。如佛教对圣地是以顺时针方向转为功德，而苯教则以逆时针方向转为功德，转动经筒时也是如此。

桑丹林寺是18世纪时（七世达赖时期）在原址废墟北边重建的。该寺规模不大，其建筑主要由经堂和佛堂等建筑组成，面积为1523平方米（东西长27.2米，南北宽56米）。

大门朝南，进门后为小佛堂，再进二门后拐弯为经堂。

该寺佛堂供桌上所供奉的十一面观世音菩萨（简称观音，又称观音菩萨）和释迦牟尼佛塑像，据传为松赞干布时期所塑，为建寺时造像。其十一面观世音像分五层，如果该像有着色的话，那么第一层三面，主尊白色，呈慈悲相；右面蓝色，呈微怒相；左面红色，呈喜悦相。第二层三面，主尊黄白色呈悲哀相；右面明黄色呈微怒相；左面红黄色呈喜悦相。第三层亦为三面，主尊红白色呈微笑相；右面绿色呈微怒相；左面紫色呈喜悦相。第四层单面，呈大怒明王像，头发为青色。第五层单面，呈阿弥陀佛像。这是阿弥陀佛的化身，为观世音的本来面目。

观世音菩萨为什么会有十一面呢？据《造像量度经》记载，罗刹鬼有十面，非常狂妄自大，观世音菩萨变成十一面，才将他降服。

此外，桑丹林寺还供有三世佛、白度母、绿度母、宗喀巴大师及著名高僧等塑像并绘有大量壁画。该寺院现约有10名削发为尼的比丘尼。

桑丹林寺佛堂供桌上所供奉的十一面观世音菩萨（左一）和释迦牟尼佛等塑像，传说为松赞干布时期所塑，为建寺时造像

桑丹林寺所供奉的高僧大德像

三宝首刹

——扎囊桑耶寺

桑耶寺位于西藏山南市扎囊县桑耶镇，地处雅鲁藏布江北岸的哈布日山下，距山南首府泽当镇有38千米，为西藏第一座佛、法、僧俱全的寺院。它因主体建筑结构集藏、汉、印度三种建筑风格而闻名于世，故也被称作三样寺，并享有“西藏寺院鼻祖”的美誉。

桑耶寺始建于8世纪中叶的赤松德赞时期，距今已有1200多年历史。它由吐蕃第37代赞普、文殊菩萨之化身法王赤松德赞为施主，迎请萨霍尔（今孟加拉）国王古拉特其之子持律者大堪布寂护和乌仗那（今阿富汗）大师莲花生入藏，为君师三人所建。其寺址由莲花生大师测定，建筑由寂护（又名静命）大师规划设计，赞普赤松德赞主持奠基并亲任赤巴（住持）。相传，莲花生大师在手心变化出寺院的幻影，赞普惊呼“桑耶”（出乎意料的惊叫声），寺院由此而得名。

桑耶寺建成后，赞普赤松德赞从中国内地、印度等地邀请高僧住寺传经、译经，命7名吐蕃贵族子弟剃度为僧（史称“七觉士”），桑耶寺遂成为藏传佛教史上第一座佛（释迦牟尼佛，也泛指十方三世一切诸佛）、法（佛法，指佛所教导的教义）、僧（弘传佛法度化众生的出家人）三宝俱全的寺院。

·看点提示·

桑耶寺的石刻数量庞大，题材广泛。主殿门前左右有石狮一对，狮高1.23米、长0.76米，石座为方形，上雕莲花纹。还有一对汉白玉石象，高1.05米，造型古朴，线条柔美，是唐代石雕艺术的珍品。

桑耶寺全景

而此前第33代赞普松赞干布虽在拉萨建造了大昭寺、小昭寺及在乃东建造了昌珠寺，但这些寺院只供奉一些佛像和佛经，并无常住僧人，更无合乎佛教戒律的仪式活动，因此都不是真正意义上的寺院。“七觉士”剃度后，西藏才有了第一座剃度僧人出家的寺院。

桑耶寺建筑规模宏大，殿塔鳞次栉比，占地面积达25000多平方米。它由乌孜大殿、四大洲、八小洲和日殿、月殿以及红、白、黑、绿四塔组成。其中尤以金碧辉煌的乌孜大殿最为壮观。其大殿按照佛教世界形成说设计兴建，建筑面积5825平方米，坐西向东，分上、中、下三层。一层为藏式，二层为汉式，三层为印度式。《贤者喜宴》中曾赞此寺：“系一难以想象之建筑。此世间无以伦比之寺院。”

桑耶寺内珍藏着吐蕃王朝以来各个时期的历史、宗教、建筑、壁画、雕塑等方面的遗产，集西藏古代文明之大成，是祖国民族文化中一颗璀璨的明珠。

桑耶寺围墙呈椭圆形，墙高3.5米，墙厚1.2米，围墙上布满小型佛塔，四座佛塔四角对峙，相映生辉。

乌孜大殿经堂内，有松赞干布、赤松德赞、寂护、汤东杰布等7尊塑像。佛殿内主供一尊高3.9米、肩宽1.8米的释迦牟尼佛像，传说是用从哈布日山所采整块巨石雕刻而成。在释迦牟尼佛像前方左、右两边，各有菩萨像5尊和护法神像1尊。菩萨立像高4.2米。大殿上层五顶相峙，殿中主供强巴佛（未来佛），两边为八大菩萨等。

乌孜大殿东门外南侧墙边有一尊柱形石碑，碑高3.8米，座高0.8米，世称“兴佛证盟碑”。碑上有藏文

桑耶寺乌孜大殿外景

誓文21列，反映了吐蕃王室为了与代表苯教利益的贵族势力进行斗争而大力扶持新兴佛教的历史事实。

乌孜大殿正门的门楣上，高挂清朝皇帝所题“格鲁伽蓝”匾。匾前门廊额枋上所悬铜钟，为藏王赤松德赞三妃甲茂赞所献，青铜铸造，高1.1米，直径0.55米，铸有古藏文。专家考证此钟系汉僧监铸，据说此钟能叩击出九种音律。据《贤者喜宴》记载，赤松德赞第三妃名甲茂赞，自修一殿，殿上又献铜钟一口。即指这口钟，也是西藏所铸的第一口钟。原在红巴林前面的牌坊上挂有清咸丰皇帝所题的“宗乘不二”等汉文匾额。在20世纪60年代的“文化大革命”中，这些匾额被毁，仅存挂于大殿第二道门上的“大千普佑”清代汉文木匾，四周框以金龙，内为蓝底金字。

桑耶寺内有大量珍贵的泥塑、石雕、壁画等艺术品，其中尤以壁画的名气最大。除有其他寺院也能见到

桑耶寺乌孜大殿经堂内景

桑耶寺主供的释迦牟尼佛像是采用哈布山的整块巨石雕刻而成，像高3.9米，肩宽1.8米

的佛教和西藏历史题材以外，桑耶寺史记（大殿一、二层）、莲花生传记（二层明廊南侧）及反映当地风土人情的壁画都是其他寺院里所见不到的。

该寺石刻造像总数1500余尊，涉及千尊佛、四大天王、菩萨、罗汉等神佛像以及莲花生、阿底峡、米拉日巴等历史人物塑像，其中有些是高浮雕像，雕法精良细腻，造型生动传神。

桑耶寺原为宁玛派的中心寺院，后因多次失火，建筑受损，无人修缮，致使僧员大减，香火渐衰。直到14世纪下半叶，萨迦派高僧索朗坚赞主持重修。此后，该寺大部分由萨迦派掌管，堪布由萨迦寺委派，宁玛派所属的只是护法神殿。17世纪中叶，格鲁派掌控了西藏地方政教大权，并强令其他教派的寺院改宗，因而桑耶寺也在行政上接受了格鲁派控制的西藏地方政府管理，同时由萨迦派委派寺主，形成格鲁派、宁玛派、萨迦派并存的局面，直到今天该寺的僧侣仍三教并修。

1981年以来，国家先后拨出专款数千万元对桑耶寺的康松桑康林殿、展佛台、白哈王宫等12处进行屋面修缮、木构件修补加固、墙体裂缝灌浆加固、壁画维修等，使古老的桑耶寺重放异彩，熠熠生辉。

1996年，桑耶寺被国务院列为全国重点文物保护单位。该寺现有僧侣120多人。

桑耶寺所立的“兴佛证盟碑”

桑耶寺所悬铜钟高1.1米，直径0.55米，铸于建寺初期。它是西藏铸造的第一口铜钟

桑耶寺壁画：寂护、莲花生、赤松德赞的“师君三尊”像（从左至右）

桑耶寺所绘持光天女献镜壁画

门边两侧的这对汉白玉石象高1.05米，是唐代石雕艺术的珍品

桑耶寺所绘释迦牟尼佛讲经说法图壁画

桑耶寺宁玛派历任住持塑像

日喀则

班禅法台

——日喀则扎什伦布寺

扎什伦布寺坐落在西藏日喀则市城西北的尼玛山南麓，依山傍水，是藏传佛教格鲁派在后藏地区最大的寺院，也是历代班禅大师举行宗教和政治活动的主要场所，与拉萨三大寺（甘丹寺、哲蚌寺、色拉寺）合称“西藏四大寺”。

扎什伦布寺，全称“扎什伦布巴吉德钦秋坦皆利朗巴杰威林”，简称“扎什伦布寺”，藏语意为“吉祥须弥山寺”。

扎什伦布寺依山而建，主要由大经堂、强巴佛殿、甲那拉康、五世至九世班禅灵塔祀殿——扎什南捷、十世班禅灵塔祀殿——释颂南捷、晒佛台等组成，有4个扎仓（僧舍院）、64个康村、56座经堂、236间殿宇，占地面积23.7万平方米，建筑面积近15万平方米，有周长3000余米的墙垣围绕。

扎什伦布寺的整个建筑群布局紧凑，殿堂参差，错落有致，气势磅礴，宛若山城。寺内不只供奉有世界最大的强巴佛镏金铜像，还有大量珍贵的历史文物，是研究西藏各个历史时期社会发展的珍贵史证。各殿内壁上均有壁画，主要以人物传记为主，有礼佛图、十八罗汉图等。

扎什伦布寺始建于1447年，由格鲁派创始人宗喀巴的弟子，后被追认为第一世达赖喇嘛的根敦

·看点提示·

扎什伦布寺释颂南捷，即灵塔祀殿，为存放十世班禅大师法体所建。

1989年1月28日，十世班禅大师在日喀则德虔格桑颇章圆寂。中央政府在班禅大师圆寂的第三天即做出决定：在日喀则扎什伦布寺为十世班禅大师修建一座金箔灵塔，供奉大师法体，以满足广大信教僧俗的心愿。于1993年8月建成开光。祀殿高35.25米，总建筑面积1933平方米。

珠巴主持兴建了措钦（集会殿）、藏康、强康、卓玛拉康、护法神殿、祖拉康等建筑。根敦珠巴给寺院定名“扎什伦布寺”，自任法台（赤巴）。以后扎什伦布寺又陆续建成强巴佛殿、度母殿、晒经台等。1601年，罗桑·确吉坚赞（四世班禅）任该寺第16任法台期间，又进行了一次更大规模的扩建，先后建成两座金瓦殿和坚赞吞博拉章，并新建密宗学院阿巴扎仓和众多佛堂，殿堂屋宇总数达3000多间，有属寺51座，僧侣5000余人，奠定了扎什伦布寺今日的规模。

1645年，蒙古和硕特部首领固始汗赠予罗桑·确吉坚赞“班禅博克多”称号。“博克多”是蒙语中对智勇双全者的一种尊称。1662年，罗桑·确吉坚赞圆寂后，其弟子五世达赖喇嘛阿旺·罗桑嘉措为其寻找了转世灵童，标志班禅转世系统的建立，以罗桑·确吉坚赞为第四世，后人又追认第一至三世。此后，班禅大师成为该

扎什伦布寺全景

扎什伦布寺十世班禅大师灵塔祀殿的释颂南捷。该灵塔三界殊胜塔通体金皮包裹，镶嵌珍珠、玛瑙、珊瑚等。灵塔高11.5米

寺终身法台，并以该寺为驻锡地。

1713年，清圣祖派员进藏，册封五世班禅为“班禅额尔德尼”，赐金册金印，这一转世活佛系统的政教地位正式确定。“班禅”在藏语中的本意是指“精通五明的大学者”，从此多用来做“班禅额尔德尼”的简称；“额尔德尼”系满语音译，意为“珍宝”。此后，历世班禅额尔德尼须经中央政府确认册封，成为定制。1728年，清朝明确划定达赖喇嘛和班禅额尔德尼各自所辖区域，班禅大师从此与达赖喇嘛同为西藏地方政府领袖，各辖一方。

扎什伦布寺最早的建筑为措钦大殿，高三层，48柱，面阔9间，进深7间，占地面积580平方米。大经堂里，上首中央是班禅大师的法座。经堂后面有三间佛殿，释迦牟尼殿（觉康）居中，西侧是强巴殿（强康），东侧为度母殿（卓玛拉康）。释迦牟尼殿内主供由根敦珠巴本人主持精制的2.7米的释迦牟尼佛镏金铜像，装

藏有八思巴的舍利、宗喀巴的头发以及根敦珠巴的经师喜绕森格的头盖骨等。其两侧分别供奉八大菩萨塑像。

大经堂东面有回廊围成的约600平方米的天井式院落，是班禅大师向全寺僧人讲经说法之地，也是众僧辩经论法之所。回廊下的墙壁上，是彩绘的上千尊石刻佛像。其四周附有十几座殿堂。

扎什伦布寺强巴佛殿也称弥勒佛殿。此殿高30米，内供1914年由九世班禅曲吉尼玛主持铸造的强巴佛坐姿镏金铜像，总高26.7米。其脸部宽4.2米，耳长2.8米，肩宽11.5米，手长3.6米，脚长4.2米，鼻孔之大，足可容纳一人。

该殿分莲花座殿、腰部殿、胸部殿、面部殿及冠部殿五层，经木梯拾级而上可瞻礼“强巴佛”。当年为铸造这座当时国内外最高大的铜佛，雇请工匠百余人，共历时4年，可见工程之浩大。这一巨佛工艺精湛，是藏族人民智慧的结晶，也是世界文物宝库的精华之一。

汉佛堂（甲那拉康）也称内地殿。它在释颂南捷大

扎什伦布寺措钦大殿内景。此大殿是寺内最早的建筑之一，于1447年动工修建，历时12年建成

扎什伦布寺措钦大殿立柱上的释迦牟尼佛塑像

殿正南面。殿中供有1796年清嘉庆皇帝所赐乾隆皇帝的大幅画像；画像前供的是皇帝牌位，上刻“道光皇帝万岁万岁万万岁”的祈文。正殿过去是班禅每逢藏历新年跪拜皇帝的地方，也是驻藏大臣向班禅宣读圣旨的地方。正殿的偏殿，是班禅大师接旨后与驻藏大臣会晤叙谈之所。此外，这座佛堂里还珍藏着清王朝给历世班禅大师的封册封印、汉文大藏经以及数量众多的御赐佛像、珍玩等。

十世班禅灵塔祀殿——释颂南捷的东侧，是十世班禅大师亲自开光的五世至九世班禅灵塔祀殿——扎什南捷大殿。

为修建十世班禅大师灵塔祀殿，国家拨款6404万元，黄金614千克、白银275千克、各种宝石10000多颗，命名为“释颂南捷”，意为“三界尊胜”；“释颂”（三界）指天界、人间、地下，“南捷”（尊胜）有无往不胜的意思。

十世班禅大师圆寂6年以后，经中央政府批准，严格按照宗教仪轨和历史定制，完成了祈祷转世、观看神湖、秘密寻访和灵童遴选等事宜，采用金瓶掣签等办法，并报中央政府批准，认定了西藏嘉黎县的坚赞诺布为第十世班禅额尔德尼转世灵童。1995年底在扎什伦布寺坐床，继承了历世班禅大师的佛位，称第十一世班禅额尔德尼·确吉杰布。

“扎什南捷”意为“吉祥尊胜”。这座由国家拨款修建的灵塔祀殿，建筑面积1933平方米，殿高33.17米。

1989年1月28日晚，十世班禅大师在其扎什伦布寺寝宫圆寂。后入寺供奉，供广大僧俗群众瞻仰。再后来，入塔供奉

扎什伦布寺释迦牟尼殿内景。正中为释迦牟尼镏金铜像，两边柱子上的坐像分别为一世达赖喇嘛和四世班禅。前右侧为已故十世班禅大师的照片

扎什伦布寺所供奉的强巴佛铜像，为世界上最大的铜佛像

于1989年1月竣工开光。在释颂南捷的西面是著名的强巴佛殿，正前方是汉佛殿。

修建灵塔，保存著名活佛遗体，以供后人纪念和供奉的习俗源于佛教创始人释迦牟尼，距今已有2000多年历史。佛教传入西藏后，这种习俗也传到了西藏。灵塔分为金、银、铜、木、泥等不同规格。

扎什伦布寺东面是建于1468年的晒佛台，高32米，长42.5米，厚3.5米，用5000多立方米的石材砌筑而成。每年藏历五月十四至十六日，在此分别展示无

扎什伦布寺汉佛堂正殿——内地殿

1779年，乾隆皇帝将其画像赠予六世班禅，此像至今仍供奉在扎什伦布寺汉佛堂内，画像两旁有“当今皇帝万岁万岁万万岁”“道光皇帝万岁万岁万万岁”的供奉牌位

量光佛、释迦牟尼佛、弥勒佛（强巴佛）的巨幅丝织唐卡。“唐卡”意为“平展的画”，指用颜料或其他材料绘制或拼贴在纸、锦缎、布帛上，以宗教题材为主要内容，类似“卷轴画”。扎什伦布寺展示的这些巨幅唐卡，面积均超过1000平方米，最大的约有1200平方米，供信众瞻仰膜拜。

在扎什伦布寺每年一度的喜磨钦波节上，僧人在跳驱魔神舞

扎什伦布寺以它恢宏的气势、绚丽的色彩、神圣而庄严的殿宇耸立于尼玛山麓，是我国藏传佛教格鲁派六大寺（西藏拉萨甘丹寺、哲蚌寺、色拉寺及日喀则扎什伦布寺，青海塔尔寺和甘肃拉卜楞寺）里最著名的大寺。

1961年，该寺被国务院列为第一批全国重点文物保护单位。该导现约有僧侣900人。

扎什伦布寺班禅东陵扎什南捷前的讲经场庭院

北京西黄寺清净化城塔，为六世班禅额尔德尼·罗桑巴丹益西存放衣冠所建。1780年清高宗70寿辰，六世班禅大师应邀赴京觐见。1779年夏，班禅大师一行2000多人，从扎什伦布寺启程，于次年夏天抵达清帝行宫承德避暑山庄。

六世班禅大师在承德参加了祝寿仪式典礼之后，又到北京，居于西黄寺。当年农历十一月因患天花，不幸圆寂。清高宗感念他笃诚远来，逝于异乡，祭礼特别隆重。并赐黄金200多千克铸造金塔，贮存法体，于1781年，派特使护送至扎什伦布寺。后又在其居住过的地方，也就是现在的西黄寺建起衣冠冢清净化城塔。

1987年9月1日，以专门培养藏传佛教高级人才的中国藏语系高级佛学院在北京西黄寺成立。该院以“维护祖国统一，加强民族团结，发扬藏传佛教”为办院方针。该学院成立时，十世班禅大师亲自担任院长。

截至2017年5月，该学院共培养藏传佛教代表1000余人，其中活佛381人，拓然巴（相当于博士）148人，智然巴（相当于硕士）150人。

为纪念在北京圆寂的六世班禅而建的北京西黄寺清净化塔城，为汉白玉石雕刻

在中国藏语系高级佛学院学习的僧人在辩经

在北京西黄寺的中国藏语系高级佛学院，毕业学员拍照留念

花教祖庭

——日喀则萨迦寺

萨迦寺位于西藏日喀则市西南150多千米处的萨迦县本波山下，仲曲河流经其间，分南北两寺，总称萨迦寺，为藏传佛教萨迦派主寺。

“萨迦”，藏语意为“灰白色的土地”。1073年，吐蕃贵族昆氏家族后裔昆·贡却杰布（1034—1102）发现本波山南侧的山坡上，土呈白色，带有光泽，现瑞相，即出资兴建萨迦北寺，逐渐形成萨迦派。

到了13世纪，萨迦寺第四代法王萨班·贡噶坚赞（尊称萨迦班智达，简称萨班）时，蒙古王室为了加强对西藏的控制，成吉思汗之孙阔端召西藏有影响的首领萨迦班智达前往凉州（今甘肃武威）商谈西藏归顺蒙古汗王事宜。1247年，萨班遵照阔端的旨意，携八思巴和恰那多吉二侄到达凉州会晤。随后，他写信劝谕西藏各教派首领归附元朝，西藏从此纳入中央政府管辖。

八思巴追随忽必烈之后，先后被封为国师、帝师、大宝法王。他曾多次将皇室贵族等赐给他的财物运回萨迦，用以扩建北寺。在建筑形式上，选择了城镇与寺院相结合的方法，即外形为城堡，中心为佛殿的设计。1265年，八思巴由元大都回到萨迦，筹建西藏地方政权，曾在北寺办公。

1269年，大元帝师八思巴由萨迦启程去元大

·看点提示·

在萨迦寺钦姆大殿右侧，有一只高1.5尺的玉钟及一长方形玉板，被称为寺内两宝。玉钟用来罩佛前的长明灯，玉板刻有汉文诗，落款为“醒石”。四周存有中国历代王朝赏赐的法器和元代皇帝赐给的法衣、盔甲、靴等文物。壁画则集中在主殿楼上，东墙有萨迦派历代祖师和高僧像及一些佛教典故，西墙有600多年前的坛城壁画和60多幅喜金刚壁画。正殿中还有数百轴唐卡，为古代西藏的艺术珍品。

都，途经吉热寺，盛赞该寺殿堂庄严。送行的萨迦本钦·释迦桑布心领神会，返藏后根据八思巴的旨意立即征派民工，仿吉热寺兴建萨迦南寺。南寺为城堡式建筑，呈方形，东西长214米，南北宽210米，占地面积4.5万平方米，建筑结合了中国内地和西藏及印度部分地区的建筑风格，布局似坛城。

钦姆大殿是萨迦寺南寺的主体建筑。其内城墙宽3米、高8米，内城墙四角有3至4层楼高的角楼，内城墙四面的中部均建有敌楼。内城墙的南、北、西三面无门，仅东面正中开有城门。外城墙称“羊马城”，是“回”形土筑城墙，东面曾开有大、小两座城门。外城墙北面紧邻仲曲河，东、西、南三面城墙外有护城河环绕。墙上涂有红、白、黑三色，分别象征文殊、观世音和金刚手。萨迦派俗称“花教”即源于此。

在兴建南寺时，北寺也得到大规模扩建，除原有的乌则尼玛殿、乌则萨玛殿及喜脱拉章外，新建成的仁

寺内供奉的释迦牟尼佛塑像

游人在观看萨迦寺壁画

钦刚拉章和都却拉章，其规模都很大。到本钦阿迦龙修建本波山上的围墙时，萨迦寺已形成大型建筑群。

萨迦南寺的钦姆大殿高11米多，面积5500多平方米，有40根大圆柱，宏伟壮观。殿内各尊镏金铜铸佛像和各种浮雕，造型十分优美。殿中主要供奉三尊释迦牟尼佛像和一个白色法螺。大堂正中的“柞木林耶夏”大佛，是为纪念萨迦班智达·贡噶坚赞而铸造的，内藏有萨班的舍利子。左面的一尊是为纪念八思巴法王而铸造，内藏有八思巴的舍利子。大堂南面的一尊是为纪念萨迦本钦·释迦桑布而铸造的。这只海螺，在《萨迦世系史》一书中记载，据传是世尊释迦牟尼在世时曾用的法器，由印度国王赠送给中国汉代的皇帝，元世祖忽必烈时又将此海螺赐送给八思巴。

大殿内还有文殊、金刚持、无量光等诸尊佛像。此殿堂之柱，以粗大驰名全藏。其中四大名柱，以忽必烈柱为最大，直径达1.5米。传说因忽必烈得知八思巴法王将在萨迦建造大经堂，就遣龙王将此柱背来而得名；龙王血柱，传说砍柱子时砍伤了一条盘在上面的龙，将血滴于柱上而得名；另外两柱，相传是野牛、老虎驮来的，故称野牛柱、老虎柱。殿内还有泥塑萨迦五祖像，以及元、明时代许多名贵陶瓷器皿。东墙上画有佛传壁画。西墙有600多年前的坛城壁画，有60多幅喜金刚、密集金刚、胜乐金刚等壁画。这些壁画笔法工整、色彩分明、画技高超，别具一格，对研究宗教、历史、艺术很有价值。

大殿堂左侧是银塔殿，其中供奉有以俄强·贡噶仁钦为首的十位法王的银制灵塔。大殿墙上绘有当年建寺经过的壁画。殿后是藏经库，内有万余部经典，系八思巴时期召集卫、藏、康等地区的书法家用金、银、朱砂和墨汁精工写成的珍品。还有一“方经”，又称《布德甲龙马》经书。经书长1.34米，宽1.09米，厚0.67米，雕龙刻凤的木板封面厚达0.41米，翻阅时需要用四个

维修时的萨迦寺

人抬着才行。据传这本经书由八思巴主持完成，全书是用金粉汁写成的传世珍宝。

此外，萨迦寺藏经4万多卷，内有十分珍贵且保存完好的21部“贝叶经”，书房中藏有天文、历算、文学、医学、历史、哲学等藏文典籍千余卷，《大元国师八思巴画传》25轴。因该寺珍藏大量经书和典籍，故有“第二敦煌”之称，是藏学研究的一大宝库。

萨迦派与其他教派不同的是不禁娶妻和生儿育女，且该教派的政治权力父子相承，而宗教权力则叔侄相传，以道果教授为主要修法。道果法是萨迦派有关悟道证果的佛学理论及其实修法门，源于印度。13世纪随着印度佛教的衰落而失传，现只在藏传佛教萨迦派中得到保存和弘扬。

八思巴承袭萨迦法王后，萨迦派达到鼎盛时期。其间，共有40多座殿堂，遍布仲曲河两岸。但在16世纪时，一场大火几乎将南寺夷为平地，直到1948年才在多年的不断修缮之后，大体恢复了该寺的原貌。

据宗教史料记载，萨迦北寺原有古绒森吉嘎尔布颇章、森康宁巴（旧宫殿）、鲁·曲美增卡典曲颇章（胜乐宫殿）、乌孜宁玛祖拉康、乌孜萨玛朗达古松殿、德却颇章、朗杰拉康、玉妥拉康、都康拉康、夏珠拉康等，曾是中外有名的古建筑群，号称有108个大小经堂。遗憾的是在“文化大革命”期间，均被毁坏成了废墟。

从20世纪80年代起，按照“修旧如旧、保持原貌”的原则，国家先后几次投资对萨迦寺进行大规模修复。如今，以甲央修行洞及洞内神水著称的森康宁巴，还有贡康努、拉章夏、仁钦岗等建筑已恢复原貌。

1961年，萨迦寺被国务院列为全国重点文物保护单位。该寺现约有僧侣120人。

布顿宝成

——日喀则夏鲁寺

夏鲁寺位于西藏日喀则市东南26千米处的甲措雄乡夏鲁村，为藏传佛教后弘期所建的著名寺院；也为藏传佛教夏鲁派的发源地和根本道场，并以藏汉结合的建筑风格而闻名。

夏鲁寺创建于1087年，由萨迦派僧人杰尊·西绕琼乃所建。相传他在选定寺址的时候曾请示师父，并以师父射箭为记号。因箭正好落在刚长出青苗的地方，“青苗”，在藏语里被称为“夏鲁”，故称夏鲁寺。

11世纪是西藏宗教史上的非常时期，最后一代吐蕃赞普达摩（朗达玛）排斥和压制佛教，10世纪时佛教几乎销声匿迹，直到11世纪才开始复苏。14世纪初叶，夏鲁万户长请来当时最有学问的布顿·仁钦珠大师任寺院住持，从此僧人开始云集寺中。

布顿·仁钦珠（1290—1364）或译布顿宝成，是著名的藏传佛教学者、夏鲁派创始人。后世有人将布顿及其弟子所创立的教法称为“布顿派”或“夏鲁派”。

布顿一生著有200多种佛学书籍，是西藏大藏经《丹珠尔》的编纂人，以1322年所写的《布顿佛教史》最为著名。他是自萨迦班智达以后、宗喀巴以前，西藏最伟大的一位佛教学者。由于他从不染

·看点提示·

夏鲁寺壁画多为元代藏传佛教壁画艺术的典范之作，因而欣赏价值极高。这些壁画主要分布在一层金殿回廊四周和金殿内壁上，题材为显宗壁画和密宗壁画。此外，夏鲁寺的一些浅雕石版画也相当精彩，内容有佛像、飞天等。

指政治，影响力较小，所创立的教派独树一帜，不属任何教派。他离世后，夏鲁寺开始了他的转世传承。由于历史上夏鲁寺原与萨迦派关系密切，也有学者把夏鲁派算为萨迦派的一个支系。

布顿在夏鲁寺任住持时，于1333年大兴土木，对原寺加以扩建维修。由于当时该寺在地震中遭到毁坏，元朝皇帝给予大量的资助，并派去汉族工匠，因而这座建筑具有浓郁的元朝风格。歇山大屋顶上面铺盖着绿色琉璃瓦，屋檐下斗拱交错铺衬，为典型的元朝式样。而寺院的墙体和庭院，又是传统的西藏风格。

夏鲁寺由夏鲁拉康和四个扎仓及僧舍组成。夏鲁拉康大殿坐西朝东，为两层，有大小49间房屋，占地1500多平方米。其底层大殿供奉释迦牟尼佛像和八大菩萨塑像；两侧各有一藏经殿，里面藏有《甘珠尔》《丹珠尔》大藏经。大殿的第二层属汉式四合院布局，设正殿、配殿和前殿，左右对称。正殿供奉释迦牟尼佛

夏鲁寺佛殿内景

和布顿大师塑像，左右配殿是坛城殿，前殿供奉十六罗汉等塑像。

夏鲁寺内珍藏着大量的佛像、经书、唐卡、法器等历史文物，其中以“四大宝”著称。

一是“拉字经板”：在建寺时期采用了108块小木板拼成方形，每块木板上都刻有一个经文字。由108块字板组成了一段经文。信教群众去朝拜时，都希望得到一张由拼字板印成的“消灾降福”经文。

二是“圣水坛”：大经堂东南角陈列着一个直径0.8米的大铜坛。传说此坛十二年换水次，换水时，原装的净水不增不减，人能得到此坛中的“圣水”便一生吉祥，还可洗净10种污垢。

三是天生“六字真言”石：该石传说是建寺挖地基时出土的。挖出时，石上便有六字真

夏鲁寺所供奉的时轮金刚铜像。它是藏传佛教密宗修时轮金刚密法的本尊像，也是时轮密法义理的象征

夏鲁寺所供奉的尊胜佛母（中）铜像

言字迹，四角并有4个小佛塔，因而传为天生“六字真言”石。

四是“石头脸盆”：据说是建寺人杰尊·西绕琼乃当时的苦行洗脸盆，陈放在大殿前面。

夏鲁寺壁画艺术融合了印度、尼泊尔、中原等不同地域的多种绘画技巧和审美观念，形成了独具特色的艺术风格。这种风格对元末明初西藏寺院壁画的绘制产生了重大影响，在西藏壁画艺术的发展中起到了承前启后的历史作用，被誉为西藏艺术发展史上的里程碑。它对研究整个西藏佛教艺术及其与中原、尼泊尔、印度等地的佛教文化交流具有重要价值，是研究藏传佛教艺术史不可或缺的重要资料。

夏鲁寺始建时只有少数僧侣，在布顿大师任住持时为鼎盛时期，僧众达3800多人。“文化大革命”期间，夏鲁寺曾遭到破坏。1981年后，国家拨款对夏鲁寺进行维修，恢复了它原有的风貌。

1988年，夏鲁寺被国务院列为全国重点文物保护单位。该寺现有僧侣约60人。

在维修夏鲁寺大经堂

塔寺融合

——江孜白居寺

白居寺位于西藏日喀则市江孜县江孜镇西北的宗山下，始建于15世纪初，是一座集萨迦派、格鲁派和夏鲁派于一身的著名寺院，其寺院内的“十万佛塔”更是信众的朝拜圣地。

距日喀则市约有100千米的白居寺，藏语全称“吉祥轮上乐金刚鲁希巴坛城仪轨大乐香水海寺”，简称“班廓曲德”，意为“吉祥轮大乐寺”。它由第一世班禅克珠杰和江孜法王热丹贡桑帕共同主持修建，是一座塔寺融合的典型的藏传佛教寺院。

·看点提示·

白居寺与拉萨的布达拉宫、日喀则的萨迦寺一起，被合称为西藏的三大艺术宝库。它集古代藏族建筑、雕塑和绘画艺术于一身，尤以壁画最为著名。

| 白居寺外景

白居寺由措钦大殿、吉祥多门塔、扎仓和围墙四大建筑组成。它现有17座扎仓分别属于萨迦、格鲁、夏鲁三个教派，集数派于一身，这在藏传佛教中并不多见。

著名的白居寺大白塔（吉祥多门塔）高9层为42.4米，共有大门12道，小门80道，塔角146个。由于塔中有77间佛龛、佛殿，故又称塔中寺。塔中共有3000多尊佛像，加上壁画和唐卡上的佛像共有10万余个，故称“十万佛塔”。

该塔占地2200平方米，分塔座、塔瓶、塔顶三部分。塔座四面十二角，五层以下四面八角，六层以上呈圆形。塔上有四面八门，门上饰有飞龙、跑狮、走象等浮雕。塔瓶为圆柱形，直径约20米，有佛殿4间。

塔瓶中部的佛殿东、西、南、北四面门楣上，各绘有一双宽达3米多的慧眼，据说这来源于印度教湿婆神的巨大慧眼，可以洞察凡间一切。整个建筑宏伟壮丽，寺中有塔，与寺院大殿两相呼应，相得益彰，是寺

塔寺相互融合的白居寺

白居寺“十万佛塔”外景

白居寺主供的释迦牟尼佛金铜像

白居寺门楣上的精美木雕

塔相互融合的典范建筑。它集建筑、绘画、雕塑艺术于一身，其风格融合了印度、尼泊尔等外来的佛教艺术，也吸纳了中国内地汉族建筑艺术的一些特点，形成独特的艺术风格，堪称中国的奇异宝塔。

为庆祝该塔建成，明代朝廷特派大臣前来主持庆典，先于白居寺后山展示特大幅唐卡供群众朝拜，然后举行传统体育运动比赛，如赛马、射箭、赛牦牛、演藏戏、跳舞等，形成流传至今的一年一度的江孜达玛节。

白居寺十万佛塔上所绘的慧眼

白居寺庭院围墙上的佛陀壁画

白居寺的白度母像壁画

白居寺壁画主要包括佛传故事、佛本生故事和历史人物三类，画面集中在十万佛塔四层各殿及一层的净土殿、兜率宫殿和寺院回廊。其壁画将西藏美术史上有名的拉堆画风和乃宁画风有机地融为一体，形成了一种充满生机、自成一体的绘画风格，被称为江孜画风，对西藏绘画艺术产生了深刻的影响，被视为14—15世纪藏传佛教艺术成熟的代表作，以及藏传佛教艺术在15世纪走向鼎盛的重要标志。

1996年，白居寺被国务院列为全国重点文物保护单位。该寺现有僧侣70多人。

昌都

大慈护国

——昌都强巴林寺

强巴林寺意为“昌都大慈洲”，简称“昌都寺”。它位于西藏昌都市首府昌都镇的第四阶台地上，为宗喀巴大师弟子喜饶桑布于1437年所建，是一座藏传佛教格鲁派寺院。它因寺内主供强巴佛而闻名，被誉为“藏东第一禅林”。

相传，1373年宗喀巴大师入藏途经昌都就曾预言，该地能建寺弘法。后宗喀巴弟子喜饶桑布果真在此兴建了寺院。喜饶桑布圆寂后，宗喀巴的另一位弟子沃贝多杰的弟子帕巴拉继承了他的法座。

·看点提示·

强巴林寺神舞受康区奔放舞姿的影响，在造型、服饰、音乐等方面显得格外粗犷有力，其著名的“古庆”舞、钺斧舞、寺院“卓”舞等，堪称绝技。

强巴林寺外景

自此，帕巴拉就成了昌都强巴林寺最大的转世活佛。帕巴拉的几位弟子后来也都成了强巴林寺的转世活佛，从第一世帕巴拉算起一直传承至今。

六世帕巴拉活佛因拥戴朝廷有功，1719年被康熙皇帝封为呼图克图，颁授“帕巴拉呼图克图诺门罕之印”，命其主持昌都寺。从此昌都成为帕巴拉呼图克图活佛世系的根本道场。当时强巴林寺的所属分寺有100多个，大多分布在昌都和波密地区。现任十一世帕巴拉活佛，名为格列朗杰，是著名的爱国人士，现任十三届全国政协副主席、中国佛教协会名誉会长、西藏自治区政协主席。

全国政协副主席帕巴拉·格列朗杰在强巴林寺主持举行诵经祈祷的佛事活动

强巴林寺现有林堆、林麦、奴林、库秋、夹荟卡巴五个扎仓和七个康村。其院落重叠，殿堂林立，金碧辉煌，规模宏大。据成书于1792年的《西藏志》记载，

强巴林寺其寺向东，内有金顶一座，楼台院宇，宏阔壮丽，亦康区之胜区。

强巴林寺珍藏着数以万计的各类佛像、文物及大量的藏文经典。作为昌都市的文化艺术中心，它无论在绘画、雕塑、金银器加工，还是歌舞等方面都是首屈一指，仅其壁画面积就有1000多平方米。

强巴林寺还藏有历代朝廷颁赐的诏书、匾额、铜印等文物，堪称文物宝库。

占地面积10余万平方米的强巴林寺在历史上曾遭受两次重大火灾，“文化大革命”期间又被毁坏。从1980年起，国家先后拨款上亿元进行修复，基本恢复了它原来的规模。

2013年，强巴林寺被国务院列入全国重点文物保护单位。该寺现有僧侣1000余人。

强巴林寺主供的释迦牟尼佛与两大弟子的金铜像

强巴林寺所供奉的大威德金刚塑像。此像前是宗喀巴“师徒三尊”塑像

强巴林寺领诵师在大经堂带领众僧领诵经文

为迎法事，僧人在强巴林寺大殿前的地面上，用彩色石粉撒绘了吉祥图案

强巴林寺僧人在地上用石粉撒绘法事活动的吉祥图

强巴林寺外的转经路

强巴林寺正在烧茶的大厨房

在强巴林寺殿堂外摆放着为了进殿脱下的一双双藏靴

岩窠隐修
——昌都察雅寺

察雅寺位于澜沧江上游的西藏昌都市察雅县瓦西乡克贡村的嘉岗山上，距离县城约有2千米，距离昌都镇97千米。它由藏传佛教格鲁派高僧洛丹协绕·扎巴嘉措于1621年创建，为昌都市著名的格鲁派寺院之一。

“察雅”二字在藏语里是岩窠之意。据传，察雅地名源于藏传佛教格鲁派高僧洛丹协绕·扎巴嘉措修行隐居的地方。

一世察雅活佛洛丹协绕·扎巴嘉措的修行洞位于寺院北侧的悬崖处，面朝东，修行洞里遗留的文物有许多石板刻佛像，包括“师徒三尊”、光辉女神及护法神像等。修行洞背后山坡上原有三座被毁掉的建筑，即山顶北边的寺院拉让，南边的察雅大殿，东边的一处静室。

一世察雅活佛洛丹协绕·扎巴嘉措1572年出生在克贡村，8岁时随舅父白玛多吉学习文化及佛法，24岁时到卫藏学经求法，成为四世班禅和四世达赖的著名弟子之一。洛丹协绕·扎巴嘉措后来返回家乡，在岩洞里修行了几年。当时在嘉岗山上已有一座噶举派的小寺，到后来扎巴嘉措招收门徒时，他把原噶举派的小寺加以扩建，于1621年创建了第一座格鲁派寺院察雅寺。此前察雅寺县境内

·看点提示·

察雅寺墙上现供有几十幅唐卡，其中有两幅旧唐卡较为珍贵，为明代以前的作品。

此外，该寺墙壁保存了许多较为完整的珍贵壁画。

察雅寺天人像（局部）
唐卡

一位僧人在观看察雅寺建寺壁画

没有格鲁派寺院，因而扎巴嘉措成了该地区著名的格鲁派祖师活佛。1638年，洛丹协绕·扎巴嘉措在察雅去世，享年66周岁。他圆寂后，正式寻访转世灵童并确立了察雅活佛的转世系统。到1958年，该寺转世活佛共有九代。

1719年，由于第四代活佛罗桑朗杰积极支持清军进藏官兵驱除入侵西藏的准噶尔部，康熙帝赐予他“讲习黄法诺门汗之印”，这是清朝政府首次给察雅活佛世袭的封号。五世察雅活佛时期，清朝皇帝赐予他“黄教传法呼图克图诺门汗”的封号，他还奉噶厦地方政府的

察雅寺外景

命令，率领察雅民兵开赴廓尔喀战场。六世察雅活佛前往哲蚌寺学经，并获得了很高的宗教造诣，返回察雅寺后设立了32个扎仓，有僧众3000余人。当时，清朝政府还赐予他“乍丫大呼图克图图布丹济墨吹济嘉木参”的封号。

七世察雅活佛是通过“金瓶掣签”认定的，他协助清军剿平瞻望之乱，所以清朝政府赐予他“诺门罕呼图克图”的封号。

察雅寺在历史的长河中几遭磨难，寺院的建筑均遭受到不同程度的毁坏。20世纪80年代后，在察雅县人民政府的支持与帮助下，寺院逐渐修复。察雅寺现有一座二层楼式的大殿，大殿前为广场，两旁为二层藏式建筑，并新修建了可容纳千人的僧舍。

大经堂门前为4根明柱，门两旁绘有四大天王像、六道轮回图、建寺壁画等。大殿内主供释迦牟尼佛和强巴佛像等。二楼为小经堂和活佛的住处，内供宗喀巴三人师徒像、释迦牟尼佛及阿难、迦叶等泥塑像。

1638年洛丹协绕·扎巴嘉措圆寂后，他的弟子在其故居的克贡村，为他修建了一座灵塔。该灵塔依山坡而建，第一台阶为院落，两层楼房；第二台阶为灵塔殿（位于殿堂中心），1959年被毁。据传，灵塔内藏有佛舍利子、释迦牟尼金佛像、金刚铃、金刚杵等法器，还

察雅寺大经堂内景

察雅寺佛殿内景

察雅寺供桌上的酥油花雕塑

察雅寺所供奉的观世音塑像

察雅寺所供奉的强巴佛镏金铜像

有酥油铜锅、火枪等。灵塔殿内壁画丰富，主要有释迦牟尼佛、无量寿佛、度母、护法神、狮面佛母、四大天王等。其特点是先描黑线条，后涂颜料而成，简单而朴素，据说已有300多年的历史。该寺现有僧侣20多人。

康区噶举

——昌都类乌齐寺

类乌齐寺位于西藏昌都市类乌齐县类乌齐镇，距离县城约30千米，是藏传佛教达隆噶举派在康区（藏东）的主寺。

1277年，达隆噶举家族的桑杰温始建这座具有藏、汉及尼泊尔建筑风格的寺院。桑杰温（1251—1296）是拉萨林周县达隆寺第三任堪布桑杰雅郡的族侄，自幼被认定为转世灵童。13岁出家为僧，学修噶举派教法。曾在达隆寺任法台一年，后因与桑杰雅郡的另一个侄子争夺寺院法台一事离开达隆寺。来到康区后，在他26岁时，倡建类乌齐寺。当时达隆噶举将达隆寺称为“上寺”，把类乌齐寺称为“下寺”，俗称“洋贡巴”。桑杰温任类乌齐寺法台20年，修建了“阳宫”寺和“沙玛”大殿。

1320年，乌金贡布任法台时，增建了“查杰玛”大殿。当地人将这三处合称为“查杰玛寺”或“类乌齐寺”。全寺下设三个扎仓、两个拉章，鼎盛时僧人达2500多人，成为西藏东部规模最大的噶举派寺院。

查杰玛大殿外观呈正方形，建筑面积2856平方米，高37米，分三层。一层称条花殿，墙厚1.6米，有巨型大柱64根，其柱高15米；二层称红

·看点提示·

类乌齐寺以所藏大唐卡、格萨尔王金马鞍和清朝雍正六年的金字匾额三大镇寺之宝最为有名。一是大唐卡，长约3米，宽约1.5米，色彩鲜艳，描绘了苦行僧米拉日巴修行的一生；二是格萨尔王的九龙腾戏金马鞍具，雕工精细，被认定为国家一级文物；三是雍正六年驻藏大臣协理周瑛为该寺亲笔题写的“法振西陲”匾额。

著名的类乌齐寺查杰玛大殿

殿，用大小石头砌成；三层称白殿。该殿有大小佛像四万尊，用黄金粉写成的经书两万卷，金、银混合粉和银粉写成的经书三万多卷，另有不计其数的唐卡。

相传，元朝皇帝也孙铁木儿的太后玛卡于泰定元年（1324），将其一半财产捐献给该寺供养。明朝洪武年间，朱元璋曾封该寺第3代法台曲吉坚村为“大国师”，赐封册、印章、官服等。清朝雍正帝又封其第13代法台邦秋昂旺朗加为“诺门罕呼图克图”，赐金册、金印等。光绪皇帝曾赐封第21代法台衮噶朗杰为“诺门罕呼图克图”爵位。

类乌齐寺初建时，请来藏族、汉族和尼泊尔工匠，所以这座寺院具有藏、汉、尼泊尔的建筑风格。该寺占地面积约15000平方米，主体建筑高大宏伟，外墙用红、白、黑三色涂成，远远望去十分醒目。寺里供有大量金、银、乌铜、檀香木等制作的佛陀、菩萨像等，并以雄伟壮观的气势、珍藏众多的佛像经典而闻名于世。

过去，当地群众流传着“先去朝拜拉萨大昭寺，而后再去查杰玛大殿”的说法，可见它的名气之大。“文化大革命”期间，类乌齐寺被破坏。从20世纪80年代起，国家拨专款加以修复。2006年，该寺查杰玛大殿作为元、明、清时期古建筑被国务院列为全国重点文物保护单位。该寺现有僧侣300多人。

类乌齐寺大经堂供奉的释迦牟尼佛镏金铜像

类乌齐寺供奉的双身金刚手铜像

类乌齐寺所供奉的早期独特佛塑像

类乌齐寺供奉的创寺人桑杰温塑像

类乌齐寺供奉的十一面千手观世音菩萨塑像

类乌齐寺所绘的佛、菩萨和护法神等不同造像的壁画

类乌齐寺供奉的长寿佛（无量寿佛）塑像

距离类乌齐寺有50多千米的317国道旁，有一个卡玛多塔林，还有一座别致的小寺院。

据说，这里最早以前有108个塔，现已恢复和修建了几十座塔。这里既有几米高的大塔，也有不到三米的小塔。经堂后还有一个较大的玛尼堆，玛尼石中既有六字真言，也有佛像图案。

卡玛多塔林景观

卡玛多塔林寺护法神殿所供奉的各种老式刀枪护法器物

卡玛多塔林寺正中供奉着宗喀巴大师塑像

悠久苯源

——丁青孜珠寺

孜珠寺位于西藏昌都市丁青县觉恩乡境内，距离县城约45千米，地处那曲至昌都公路边的苯教神山孜珠山上，海拔4800米左右，为西藏著名的苯教寺院之一。

据《孜珠寺简史》记载，聂赤赞普的儿子穆墀赞普时期，从象雄邀请了108位苯教智者，分派到藏区的上（卫藏）、中（康巴）、下（安多）修建了37座苯教道场，比较有名的九座分支道场中的“协来加嘎”，指的就是孜珠寺。

“孜珠”藏语意为六座山峰。据说，孜珠寺由藏王穆墀赞普（生于公元前1075年）创建，至今已有3000余年历史。后经两次扩建，孜珠寺形成规模，显密学经体系更上一层楼，得到大发展。鼎盛时期，该寺僧人高达3000多人。

苯教，藏语里称其为“苯波曲鲁”，是佛教传入之前西藏流行的一种古老的原始宗教。它经历了三个发展阶段，最初苯教是以万物有灵的思想为基础，为多种自然崇拜的原始巫教，有民间宗教职业者来举行各种祭祀仪式，这时的苯教被称为“朵苯”，也就是土著苯教。后来从象雄（含西藏高原西部及云南西部地区等）地区向西藏腹地传播了一种新苯教。它由辛绕·米沃所创立，具有系统的宗

·看点提示·

每年6月下旬到8月中旬为孜珠寺最佳的朝拜时间。每年6月底，孜珠寺举行一年一度的传统法会和跳神舞蹈。从藏历鸡年起算，孜珠寺每13年还要举行一次大型的讲求因果、教人行善，倡导和平的苯教神舞——《天堂与地狱》。在西藏，唯有孜珠寺保留并能重现此舞的原貌，堪称一绝。

苯教僧人心目中的孜珠神山顶和修行小屋

教理论，也有一定的宗教组织和道场制度，这个时期的苯教已开始走向成熟的神学苯教，被称为“恰苯”，即外来苯教。佛教传入西藏之后，苯教与其发生了旷日持久的激烈对抗和冲突，苯教为了自身的生存和延续，被迫吸收和融合了大量佛教的形式（如建寺、穿袈裟、活佛转世、称苯教始祖为佛、接纳藏传佛教的部分神灵形式等），最终形成了理论化、系统化、制度化、规范化的新式苯教，藏语称之为“吉苯”。

由于佛教的传入，历史上所引发的“佛苯之争”，使得苯教这个一度掌握西藏政教大权的原始宗教，后来不得不让位于佛教，而到偏僻的地方来保存自己的实力。这使得三十九族地区成为苯教寺院和信徒最多、影响最大的地区，丁青孜珠寺也成为藏东一带现存规模最大、信徒最多、苯教仪轨保存最完整的寺院之一。

据调查，目前西藏有苯教寺院近百座，僧人有3000多人，信教群众约13万人，主要分布在西藏阿里、昌都、那曲和林芝一带。

孜珠寺僧人南坎坚措闭关修行12载，6年不食人间烟火，虽骨瘦如柴，但身体健康，双目炯炯有神。这是他结束苦修后在修行的山洞里，为前来的信众摸顶赐福

一信徒从山下一路磕长头上山，前往孜珠寺朝拜

孜珠寺依山而建，除大经堂、佛殿之外，还有僧舍以及建筑在各个山岩上的修行小屋和修行洞。该寺主要供奉桑杰林巴上师（佛学老师）的肉身灵塔，以及无量寿佛等塑像。壁画有桑杰林巴本生传。在内殿的甘珠尔经堂，还供奉有高约两层楼的誓愿无边佛像，其背面有十二仪轨诸神塑像。壁画为祖师辛绕·米沃的十二大业绩等，并供有苯教《甘珠尔》等大量经书。此外，孜珠寺还供奉有莲花生大师铜像和诸觉者合一化身辛拉奥格的巨大金铜像，并塑有高大的狮吼观音、时轮金刚、无量寿佛、辛绕世尊的雕像，以及绘有十六罗汉、上

苯教僧人心目中的孜珠神山顶和修行小屋

孜珠寺珍藏的苯教密宗神扎巴鲁敦铜像，有千年以上历史

孜珠寺供奉的苯教神像益瓦根撒阿嘎铜像

孜珠寺珍藏的刻有“二龙戏珠”图案，并有“大明宣德年造”（公元15世纪）字样的铜钹。钹是藏传佛教佛事活动的常用乐器，在诵经时用以掌握节奏和段落起转

孜珠寺屋顶法幢

师、千佛及孜珠寺护法神、火佑宝剑等壁画。还供奉有吉祥天母塑像和约有一人大小的遍知虹化身等。

另外，孜珠寺还供奉有祖师辛绕·米沃留下的左旋白色法螺和历代大师的“握石”法身舍利、晶莹如玉的灵骨和自显“啊”字的头骨，以及保存有占巴修行洞、穆曲修行洞、次旺修行洞、罗丹修行洞、莲花生修行洞等圣迹和大量唐卡及供器。

孜珠寺苯教禅院还可系统地讲述苯教经典，传授包括神秘而古老的苯教无上瑜伽等各种修行方法。

孜珠寺在历史上曾有过三次毁坏，最后一次是“文化大革命”期间。1978年，中国共产党十一届三中全会后，孜珠寺在国家的帮助下重新修复了寺院。该寺现有僧侣200多人。

·延伸近邻·

在离孜珠寺不远处的公路旁，有一个名叫乃查姆的玛尼石堆。它是西藏昌都市最大的玛尼石堆。孜珠寺和乃查姆同在觉恩乡境内。

相传当年文成公主出嫁吐蕃，途经绒通，草坝上不仅自然显现11尊与人体等高的佛像，而且绒通的天空还涌现出色彩斑斓的虹霓。文成公主便命此地为“乃查姆”，藏语意为花色的圣地。

昌都市最大的乃查姆玛尼石堆

林　芝

八角铜莲

——林芝喇嘛岭寺

喇嘛岭寺位于西藏林芝市首府八一镇约30千米外的布久山上，地属林芝市巴宜区布久乡喇嘛岭村。该寺又名“桑多白日寺”，藏语意为“铜色莲花山寺”，是林芝市影响较大的藏传佛教宁玛派寺院。

喇嘛岭寺始建于20世纪30年代末，由原墨脱宗内宁玛派活佛顿炯晋哲·益喜多杰创建。整座建筑以土木结构建造，融合了藏、汉民族不同的建筑艺术风格，别具特色。喇嘛岭寺虽然建寺较晚，但因这里的乡民在膜拜该寺祖师莲花生的同时，也在膜拜寺院山门和大殿前竖立的男、女生殖器放大木质模型，而颇为引人注目。

·看点提示·

喇嘛岭寺不同于其他寺院的是大门及大殿两侧竖立的木制“人祖”，即男性生殖器和女性生殖器。左侧为男性生殖器造型，由及膝盖高的粗壮木头精心雕刻而成，表面比较光滑；右侧立着一个树杈如叉开双腿的女性，中间夹缝处制成女性生殖器造型。两个标志均被髹上红漆。据说这是象征两种相互对立力量间的平衡。

喇嘛岭寺外景

喇嘛岭寺殿门两侧石狮的最外侧左、右为染上红漆的男、女生殖器模型

究其缘由，这里是门巴族聚居的地方，该寺世袭住持是门巴族，而林芝的门巴族和珞巴族又有着炽热的生殖崇拜文化。在他们的田间家门口经常可见插着木制的男性生殖器。喇嘛岭寺的生殖崇拜是当地人生殖崇拜习俗的延续。至于门巴族和珞巴族的生殖崇拜，恐怕是先民们在恶劣的环境中追求高出生率的必然结果。在传承上，喇嘛岭寺的活佛也不同于格鲁派的活佛转世，是由该寺创始人的家族人来继承。这种传承制在藏传佛教宁玛派寺院中比较常见。

喇嘛岭寺三面环山，面对着尼洋河谷地，院内种有多种花草树木，显得非常清净幽雅。整个寺院呈正四角形，外底层屋檐共有二十角，第二层到第三层屋檐为八角，佛殿高20多米，内径10余米，上覆金顶，呈塔形，四面墙体分以白、蓝、红、绿四色涂之，犹如镶嵌在青山绿水中的一颗宝石。此八角楼式的寺院建筑在整个藏区独一无二，堪称一绝。

翠峰怀抱的喇嘛岭寺大经堂设在一楼，一楼主供宁玛派创始人莲花生大师塑像，像的左下方供有一块圣石，上有脚印，相传是莲花生大师的脚印，被视为该地的圣迹加以供奉。莲花生大师开创了藏传佛教宁玛派，为该派第一位祖师。宁玛派僧人尊称他为“释迦牟尼第二”，他与静命（寂护）、赤松德赞合称为“师君三尊”。莲花生所传密法，不仅为宁玛派所继承，而且宁玛派的思想学说又为藏密各教派所吸收，莲花生也因而受到各教派的普遍敬奉。莲花生大师像的右前方是该寺住持的法座。二楼为该寺的藏经殿，楼外的四角落是护法神殿，各小殿内都绘有线描护法神像，用笔简洁流畅，门口的装饰图画得尤为精美。

楼外转廊一米多高的围栏墙壁上，绘有佛本生故

喇嘛岭寺一楼经堂内景

喇嘛岭寺供奉的莲花生大师塑像及践石脚印

喇嘛岭寺二楼供奉的无量寿佛（长寿佛）镏金铜像

喇嘛岭寺护法神殿门饰

事和宁玛派高僧修行图壁画。楼内主供释迦牟尼佛，佛像背后是木制书架，内藏《甘珠尔》和《丹珠尔》两部藏文版大藏经，以及宁玛派祖师的著作。楼内整洁干净，光线明亮。

喇嘛岭寺的三楼为一小佛殿，内供释迦牟尼佛。四楼为顶层，建有八角形屋脊和金顶。二楼的正门前有铜制双鹿护法像。

喇嘛岭寺历史上曾遭遇自然与人为的损毁，后经陆续修复而逐渐展现今日风采。该寺现有僧侣10多人。

喇嘛岭寺转廊所绘宁玛派高僧修行图壁画

喇嘛岭寺藏经殿内景

湖中城堡

——工布江达错宗寺

错宗寺位于西藏林芝市工布江达县错高湖，又名“巴松措”的扎西岛上，距离工布江达县城约80千米，距离拉萨市约370千米。“错宗寺”，藏语意为“湖中城堡”。1345年，由宁玛派著名高僧桑杰林巴主持兴建，为藏传佛教宁玛派寺院。

错宗寺大殿外景，左、右石级旁边为放大的木质男女生殖器

·看点提示·

在扎西岛的寺院周围密布着许多神奇传说的遗迹，如格萨尔王挥剑于石头上留下的剑痕、树叶上有着自然形成的藏文字母的“字母书”、松赞干布赞普在石上留下的足印、莲花生大师洗脸的圣泉以及求子洞、措门杰滴奶宫等。

一信徒朝着错宗寺磕头朝拜

错宗寺由大殿、僧舍和佛塔组成，建筑面积约2000平方米。其大殿为土木结构，上、下两层，殿内主供神为“古茹神”，即莲花生大师，是由著名伏藏大师桑杰林巴亲自塑造的一尊大威猛神。此后，又在寺内供奉了师君三尊，即亲教师静命（寂护）、轨范师莲花生、法王赤松德赞。另外，还供奉有千手观世音像、三怙主像、五部佛陀像、多闻天王像、龙女措达措墨像等，殿内壁画中绘有二胜六庄严（八位著论或者著疏印度佛教经典的论师）、

错宗寺佛殿内景

大成就甘丹尼玛达增、大成就汤东杰布、吉尊·米拉日巴等诸多神像以及护法金刚、四大天王像等。

此外，寺内供奉有伏魔塔、伏龙塔、错宗活佛灵塔等，并珍藏着一块盖有吐蕃藏王松赞干布印章布片的稀世珍宝。上面写着：经数朝代保存，由吐蕃王赤松德赞亲手转送给古茹大师的一件极为重要的伏藏（伏藏指的是从地下发掘出的佛教经文）。寺南还有一株千年桃和松的连理树“桃抱松”。

西藏佛教各派的区分是由于它们所传承、修持的密法彼此不同。错宗寺为宁玛派寺院，“宁玛”一词有古和旧两义。就古而言，指他们的教法是从8世纪来到西藏的莲花生大师传下来的，因而比其他各派起源要早300多年。而“旧”是指该派所遵信、传承的主要密教典籍，据说由莲花生、无垢友等印度人和毗卢遮那、娘·定埃增、桑波等藏族人翻译传承下来的，这些都属于旧密咒。伏藏是宁玛派的又一大特征，指的是八九世纪莲花生等人为了把密法藏之名山、传之后人，便把写好的东西埋在地下，或放在岩洞中，经过几百年，才由后人发掘出来。

生殖崇拜是错宗寺的另一特

错宗寺密宗双修壁画，在宗教上象征修行方法和智慧达到了完美的最高境界

错宗寺所绘空行母像壁画

错宗寺所绘龙女措达措墨像壁画

征。在错宗寺大门前左、右各置一男女生殖器的木制放大模型。该寺活佛为门巴族，与林芝喇嘛岭寺一样，有着同样的门巴族生殖崇拜文化。

错宗寺周围有清澈见底的湖水，巍峨的雪山，游弋的水鸥，如织的游鱼……犹如“江南风光”，十分壮美。2017年8月，该寺所在地被国家旅游局批准为国家5A级生态自然旅游景区，成为西藏高原的一处游览胜地。错宗寺距岸边约有百米之远，过去靠木排摆渡上岛，现修建了木制栈道，上岛十分方便。

该寺现有僧侣5人左右。

错宗寺所绘米拉日巴大师像壁画

错宗寺镇寺之宝。其通长约30厘米，通宽25.4厘米，共有三幅印章，四行三段独立藏文

镇肢古寺

——林芝布久拉康

布久拉康位于西藏林芝市巴宜区布久乡朵当村，距离林芝市首府八一镇约30千米，是一座从藏传佛教格鲁派改宗为宁玛派的寺院。

布久拉康始建于7世纪初，相传始建大昭寺时，几次建成又被毁。文成公主认为，吐蕃地区如一个罗刹女仰卧，必须建寺镇魔。于是松赞干布兴建了以大昭寺为中心的13座寺院，分别镇压在罗刹女的心脏和各关节点上，以保平安。布久拉康就是建在其右肘上的“镇肢寺”。

布久拉康在漫长的岁月里曾遭受战争和自然灾害的破坏，几度被毁，几度重建。

布久拉康大殿现为两层佛阁，主供十一面观世音菩萨、强巴佛、莲花生大师等像。殿内壁画十分精美别致。大殿外东边有一佛塔，为护法神殿，里面供奉着藏传佛教寺院所常见的一头四臂、三目怒张、龇牙卷舌、头戴五骷冠、颈挂人头项链的四臂玛哈嘎拉的塑像。玛哈嘎拉，意为大黑天，被称为永保护法之神。佛教密宗认为，他是大日如来降服恶魔时所呈现出的愤怒形。

布久拉康主要文物有十一面观世音像、松赞干布时期的石制神灯、莲花生大师足印等。该寺现有僧侣近10人。

·看点提示·

每逢藏历十月初一的工布藏历新年（林芝市巴宜区、米林县、工布江达县等地藏族群众的新年），当地信众都要排队到布久拉康转经祈福，十分热闹。

相传很久以前，有支外国军队入侵西藏，工布人民为了保卫国家和家乡，组成一支爱国军队前去阻击。他们踏上征程之时，正值藏历九月，将士们惋惜不能喝上过年的青稞酒，不能吃上过年的年饭，也没有烤上过年的青松火。勇敢而智慧的工布人民便把藏历年提前到藏历十月初一来过，随后将士们便义无反顾地出征了。为了纪念当年英勇出征的将士，后来便形成了每逢藏历十月初一过工布藏历新年的习俗。

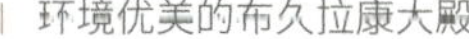

环境优美的布久拉康大殿

布久拉康佛龛所供奉的“师君三尊”（赤松德赞、莲花生、寂护）铜像

布久拉康佛堂内景

布久拉康所供奉的独有的金刚手塑像

布久拉康所绘的金刚橛壁画

布久拉康所绘善金刚（左）与地母金刚（右）像壁画

苯源遗存

——林芝达则寺

达则寺又名达则雍仲林，位于西藏林芝市巴宜区林芝镇达则村东约500米的苯日山腰上，距离市区约20千米。1620年前后，由首任住持仲贡·丹巴伦珠创建，属于苯教寺院。

达则寺占地面积约为5000平方米，建筑面积约为1000平方米。其建筑主要由大殿、僧舍等组成。其大殿为三层石木结构，塔式楼阁式建筑，墙身为石块垒砌而成，屋顶为木板和铁皮搭建而成的四角攒尖顶。前部为一门廊，面阔五间用六柱，进深一间用两柱，正门立有两个八棱形的木柱，木柱底下有圆形的石柱础，东面两侧绘有壁画，南面有通往二层的木楼梯。后部为经堂，面阔五间用四柱，进深四间用三柱，供奉有苯教祖师辛饶·米沃、度母、尊胜佛母等塑像，以及该寺住持安多哇灵塔等。二层、三层为木质结构，周围有转经道和小型转经筒。

僧舍位于寺院的西面和北面，两层石木结构，人字形屋顶，屋顶为木板搭建而成，墙身为石块垒砌而成。

大殿前是一个约有百平方米的草地广场，中央立着一根十几米高的玛尼杆，风吹幡动，旁边是座煨桑炉。寺的周围绿树成荫，流水潺潺，景色秀丽。

·看点提示·

达则寺内除了主供苯教祖师辛饶·米沃塑像外，还有金塔和银塔以及金制瓶、法螺等贵重文物。

据藏文史书记载，辛饶·米沃在各种原始宗教的基础上改变某些仪式中杀生祭祀等习俗而创立了苯教，成为西藏原始宗教雍仲苯教的祖师。他虽因与宿敌恰巴拉仁交战而到过吐蕃工布地区（包括现今的巴宜区、米林县、工布江达县一带），但其一生主要在象雄传道，门徒如云。

达则寺佛殿内景

达则寺历史上规模较大，住寺僧人最多时达千余人。1950年地震时被毁，后又重建。“文化大革命”时期，达则寺遭到毁坏。1984年，在国家的支持和帮助下重新修复。达则寺现有僧侣7人左右。

达则寺供奉的“擦擦”泥佛，是用硬模挤压成型后，烧制、敷彩而成

那曲

藏北珠康

——那曲孝登寺

孝登寺位于西藏那曲市政府所在地的那曲镇，距拉萨约有340千米，属于藏传佛教格鲁派，为藏北地区较有影响的大寺之一。

16世纪初时，格鲁派受藏巴汗王迫害，拉萨色拉寺中原籍那曲、安多一带的僧人，为满足藏北牧民宗教生活的需要，每年夏季在那曲镇搭帐篷进行佛事活动，形成了季节性的帐篷寺院。

1674年，藏北“天花”传染病流行，受灾严重，清圣祖拨专款救灾，群众感其恩德，恭请色拉寺珠康活佛到那曲主持为康熙皇帝祈福的大法会。五世达赖喇嘛即命名此次法会为“孝登措巴”，扩大了的帐篷寺院被称为“孝登噶瓦”。

1810年，珠康活佛洛桑楚臣正式担任该寺堪布，1814年动工修建12根柱子的石木结构的大经堂，开始了由帐篷寺院向正规寺院的衍变。大经堂落成时，摄政策穆呼图克图赠给该寺当年文成公主携带进藏的释迦牟尼佛古铜像和噶当铜塔等，并以九世达赖喇嘛名义命名该寺为“孝登珠丹德吉林”。

孝登寺经历次扩建，至19世纪末已拥有100根柱子面积的大经堂、强巴佛殿、文殊菩萨殿、护法神殿、活佛拉让（私邸）及僧舍百余间，有僧侣350多人，成为藏北最大的格鲁派寺院。

·看点提示·

孝登寺主要文物为释迦牟尼佛古铜像和高10余米的镏金铜像，以及其他大小铜像621尊、响铜噶当佛塔66座、古经书和数十幅唐卡，还有大量银质、铜质的法器、供器等。

每年8月，该寺都要举行“门珠”法会16天，其中4天举行跳神活动，为藏北地区较大的群众性节日盛会。

孝登寺外景

孝登寺供奉的当年文成公主携带进藏的释迦牟尼佛古铜像

孝登寺前的八大白塔与五彩经幡

孝登寺供奉的格鲁派历代高僧塑像

孝登寺供奉的部分菩萨塑像

孝登寺所绘的蒙人驭虎图（表示去灾消难，招纳吉祥）壁画

孝登寺所绘格鲁派僧人辩经学习的壁画

孝登寺主供的高10余米的释迦牟尼佛镏金铜像

孝登寺内设有米尼扎仓（显宗学院）和居巴扎仓（密宗学院），修习佛教经典和显密传承。僧人学完规定经典，每年9月进行一次格西（相当于教授或博士）学位考试。

为什么一座寺院里会设有显宗和密宗两个学院呢？那是因为藏传佛教提倡先学显宗，后攻密宗，并把密宗看作佛教的精华所在，是最艰深的修行阶段，僧人要修习十数年才能达到学习密宗的阶段，而且能在密宗学塾里毕业的僧人很少，这就需要有不同的学府，来进行不同的学习。

说起孝登寺的活佛世系，它有珠康世系、桑登世系、科登世系、唐加世系，珠康活佛是其中地位最高的寺主级活佛。现为第七世珠康活佛，名土登克珠，曾到西藏民族学院和中国藏语系高级佛学院学习，有较深的宗教文化造诣。珠康·土登克珠现任第十三届全国政协常务委员，西藏自治区政协副主席，中国佛教协会副会长、西藏分会常务副会长，西藏佛学院院长。

孝登寺在“文化大革命”中遭到破坏。1978年，中国共产党十一届三中全会后，国家拨专款予以修复。现建有三层楼高的大经堂、佛殿和僧舍等，寺院面积4万多平方米。该寺现有僧侣60多人。

骷髅名墙

——比如达姆寺

达姆寺位于西藏那曲市比如县茶曲乡境内，距离那曲市首府那曲镇约有200千米，距离比如县城约有60千米。它依山而建，怒江流经寺前，是一座具有千年历史的藏传佛教格鲁派寺院。

达姆寺规模不大，却很著名，在于它有一个修建了300多年的天葬台。这个天葬台墙上砌着许多在此天葬后的骷髅头，十分罕见。

这个天葬台在达姆寺东边的山坡上，那里有一个400多平方米的院子。它的四周是约一人高的土墙，在南墙上修有木架，上有4个格子，每个格子内都整齐地排列着一个个人头骨，形成长长的骷髅墙。目前，又在东墙和西墙上新增加了有格子和没

达姆寺大殿外景

·看点提示·

达姆天葬台院子下面全是空的，很像地窖。里面四边及底部全用石块砌垒而成，里面供着佛像，存放着经书、宗教用品和供品。有趣的是这里冬季气温极低，然而，尸体在别处不管冻得多结实，只要在达姆寺的天葬池里放上一夜，第二天准会解冻，并可进行正常的天葬，其中原因是个谜，故也使得达姆天葬台远近闻名。

一位朝佛群众在达姆寺和僧舍周围转经

有格子的骷髅墙。

天葬台院子的西、南两处各有一道门，西门是活人进出用的，南门是抬尸体的入口，北面是平房，专供为死者诵经祈祷的众僧使用，屋内供奉着各种佛像和经文。

天葬台院子中间，有一块约4平方米大小、用石头铺砌而成的葬尸池，池北边有一块0.6米高的长方形石块，是天葬时停放尸体的。在天葬院南门外，竖立着一根约10余米高的经幡旗杆，上边有骷髅骨雕塑，顶部悬挂着很多褪了色的经幡。

在整个西藏，过去曾保留死者头骨的共有三座寺院，除达姆寺天葬台外，还有怒江对面的热丹寺天葬台和附近不远处的缺代寺天葬台。由于这三个天葬台均在

达姆天葬台院子外景

达姆天葬台院子里的南骷髅墙

达姆天葬台南墙格子里的骷髅

比如县境内，故使比如县名声很大。遗憾的是，过去的天灾人祸使三处天葬台内骷髅墙大多被毁，现只有达姆寺和与之隔江相望、名气较小的热丹寺恢复了骷髅墙。两个天葬台并由一名天葬师主理，两寺间有桥相连。

据西藏考古发现，天葬起源于7世纪以后。它是藏族人民最能接受也是藏区最普遍的一种葬俗。有学者认为，这种丧葬形式是由藏传佛教直贡噶举派所创立。1179年，直贡巴·仁钦贝在墨竹工卡修建了直贡梯寺，并在当时推行和完善了天葬制度。

送逝者到达姆天葬台前，先要把尸体蜷曲起来，头屈于膝部，使其成坐的姿势，再用白色藏被包裹，择吉日由背尸人将尸体送至天葬台，点燃桑烟引来鹰鹫，再进行尸解。

达姆天葬台院子里原有的南骷髅墙和新增加的东骷髅墙（左）及天葬工具等

达姆寺天葬台保存天葬头颅已有100多年的历史，

至于为什么要把骷髅头保留下来，砌成墙，据说无非是要告诫活着的人，要多行善，少有俗念，无论什么人，死了不过如此。

“文化大革命”时期，达姆寺和其天葬台被毁，1985年经修复后对外开放。该寺现有僧侣30多人。

从达姆寺拍摄的与之隔江相望的热丹寺。它也建有骷髅墙，只是规模和名气较小而已

60多岁的天葬师阿旺丹增在达姆天葬台院子里

·延伸近邻·

达姆寺不远处是著名的帕拉晶塔。它位于比如县良曲乡怒江北岸的山坡上，距离县城约有20千米，属于藏传佛教噶举派贡萨寺的附属建筑物。该塔群于1611年由僧人让朵·夏加仁青倡导修建。主塔高约30米，周围有150多个小塔环绕主塔而建，塔群占地面积约有300平方米。

帕拉晶塔全景

帕拉晶塔被高高的玛尼石墙围绕

独特的帕拉塔墙

帕拉晶塔（左）与菩提白塔（右）

信众围绕帕拉晶塔的转经道在转经

隐世湖湾

——班戈多加寺

·看点提示·

多加寺前面是海拔7117米的念青唐拉（亦称念青唐古拉）山脉；脚下是荡漾的纳木错湖水，神山和圣湖交相辉映，显得分外壮美。

多加寺位于西藏那曲市班戈县德庆镇七村，在纳木错湖西岸的悬崖上凿壁而筑。其海拔4752米，距离德庆镇约46千米，属于藏传佛教宁玛派寺院。

始建于1641年的多加寺背靠峭壁，前临浩渺的纳木错湖，为一座隐世湖湾的精致寺院。

多加岛又是纳木错阳面十八大岛屿之一。这里岩石上拥有自然形成的莲花生大师化身像、唐拉神牛的脚印、自然显现的六字经文等许多奇特的景

多加寺前的菩提塔

观。山崖上、石洞中，还留存有历辈藏族先民所绘制的众多岩画，年代久远，内容丰富，自然与宗教的题材相互交叠，使这里成为朝圣者心中的圣地。

历史上，纳木错四面建有4座寺院，象征佛教上所说的愠、怒、权、势。即东有扎西岛寺，南有古琼寺，西有多加寺，北有恰多寺。可见，多加寺有着不一般的历史地位。

多加寺供奉的念青唐拉山神塑像

多加寺佛殿内景

莲花生大师在纳木错“圣湖”中埋下殊胜“伏藏”的传说，在这里广为流传。伏藏是什么呢？其中一种说法是指莲花生大师为后世弟子之福运，而将自己的秘密教义及其密典埋藏起来。莲花生大师将各种教义传授给他的弟子，并把那些从他和他的明妃益西措杰（莲花生大师在西藏最重要的女弟子、吐蕃第一位剃度出家的女性，被誉为“空行母”密宗大师），以及其他佛教大德的彻悟思想中产生的教义埋藏下来，以使后世信徒挖掘。这些伏藏品在后来的九个世纪内被“百位伏藏师”及其他伏藏师所发现。故藏匿就叫伏藏，挖掘就叫掘藏。

伏藏分为两种。书藏，又称地藏，书藏的对象是经书。圣物藏的对象是法器、高僧大德的遗物等。另一种叫识藏，又称心间伏藏，这些教法是由伏藏师本人从自己的悟性思想中直接得到的，而不是靠某种方式如根

多加寺经书架上所藏的部分大藏经

据标记符号从地下发现。

多加寺建在纳木错正西面多加鲁古岛的一处山崖上，寺院凿壁而筑，依山傍水。该寺院建有佛殿、经堂、护法殿等5座建筑，并建有5座修行洞。正殿供奉着莲花生大师、吐蕃藏王松赞干布与堪钦·菩提萨埵（寂护）等高僧塑像。寺内墙壁绘有壁画，寺外石壁雕刻有百尊释迦牟尼佛与莲花生大师的小塑像，供信众朝拜。该寺现有僧侣近10人。

多加寺僧人在寺院岩洞里，用糌粑捏制供品

多加寺修行洞前飘动的经幡

多加寺所供奉的宁玛派祖师像

草原噶举

——那曲夏仲吾尔寺

夏仲吾尔寺位于西藏那曲市色尼区（原那曲县，紧邻比如县的夏曲卡）境内，距离那曲市首府那曲镇约有100千米，是藏北高原著名的噶玛噶举派寺院之一。

相传，第一世噶玛巴活佛的得力弟子却吉冈巴（生于1174年）修行时，经常在梦中见到一头白色的野牦牛在吼叫。他将梦中的情境告诉了他的上师噶玛巴活佛。上师说，这个梦表明他今后的事业在北方。后来，却吉冈巴按照他上师的指点，来到了藏北的夏曲卡，于1554年在草原上建立了一座帐篷寺院，取名为夏仲吾尔寺，藏语意为“夏曲河边白色野牦牛叫的地方”。清代中叶，夏仲吾尔寺有

夏仲吾尔寺所供奉的噶举派米拉热巴、玛尔巴、塔布拉吉大师像（从左至右）

·看点提示·

夏仲吾尔寺的玛尼石刻十分珍贵，完整保留了十八罗汉等诸多造像。藏传佛教寺院中的罗汉造像，一般是十六罗汉，也叫十六尊者。十八罗汉是指佛教传说中“十八位永住世间、护持正法的阿罗汉”，由十六罗汉加二尊者而来。他们都是历史人物，均为释迦牟尼的弟子。十六罗汉主要流行于唐代，至唐末，开始出现十八罗汉；到宋代时，则盛行十八罗汉了。十八罗汉的出现，可能与中国文化中对十八的传统偏好有关。

藏传佛教雕塑造像中的十八罗汉艺术主要包括石刻造像、铜铸造像、泥塑彩绘造像及木雕造像四大类。在藏传佛教寺院中，也大多绘有十八罗汉的壁画、唐卡和雕塑等，受到藏族僧俗信众的崇拜和敬仰。

夏仲吾尔寺除寺里的珍藏文物外，还有许多当地信教群众和僧人送还的流失在外的珍贵文物。

夏仲吾尔寺的佛塔与殿宇

了很大的发展，尤其是在五世达赖喇嘛的大力支持和推崇下，寺院改为“仲贡土登郎杰寺”。

1652年，帐篷寺院正式改建，有60多间僧房和经堂，面积达5189平方米，僧人多达400人，是一座归属直贡梯寺管辖的正规寺院。其寺院自创建至现在，共经历了七位寺主。

夏仲吾尔寺主殿现为二层楼建筑，有大经堂、僧舍、佛堂30多间，建筑面积为2880多平方米。佛堂内主要供有檀香木释迦牟尼佛像、莲花生大师生前用过的金刚橛、黑铜十六罗汉像及护法神像和早期唐卡等，并

这尊由合金制成的佛像是夏仲吾尔寺建寺时所制。它是噶举派的造像，距今有500多年历史

夏仲吾尔寺僧人头戴表演的跳神面具

夏仲吾尔寺所珍藏的寿主大黑（寿主依怙尊）护法神织锦唐卡

供有《甘珠尔》《丹珠尔》大藏经，其《甘珠尔》包括显密经律，主要为佛教的原始经典；《丹珠尔》为论藏，系释迦牟尼弟子对佛语的阐释和论述的译文集成。

夏仲吾尔寺围墙由高约2米、宽约1米的玛尼石砌成。玛尼石上刻有六字真言、百字祈愿文、金刚咒以及莲花生大师、噶举派祖师、护法神像等，为藏北高原最大的玛尼石堆墙。

“文化大革命”期间，夏仲吾尔寺遭到毁坏。20世纪80年代，国家拨专款修复寺院。该寺现有僧侣约50人。

夏仲吾尔寺大经堂内景

夏仲吾尔寺供奉的护法神塑像

夏仲吾尔寺的玛尼石堆墙，为藏北高原最大的玛尼石堆墙

阿里地区

悬空藏刹

——阿里托林寺

托林寺位于西藏阿里地区札达县城，在古格王朝遗址以东20千米的象泉河南岸。托林寺意为“悬空寺”或“飞翔寺”，是古格王朝（10—17世纪）在阿里地区建造的第一座佛寺，也是藏传佛教后弘期的发源地和佛教中心。属于藏传佛教格鲁派寺院。

11世纪初，古格王德祖衮之长子益西沃初建托林寺，作为古格高僧、大译师仁钦桑布（958—1055）译经授徒的场所。1036年，古格王沃德及兄绛曲沃从印度迎请高僧阿底峡入藏驻锡托林寺讲经著书，弘传佛法，寺院也随之扩建，初具规模。

1076年，为纪念阿底峡大师圆寂22年，在古格王赞德的倡导和护持下，托林寺召开了自吐蕃灭亡之后，全藏区第一次规模庞大的佛教盛会。这个隆重的盛会被记录在古格王国遗址的壁画上。因为这一年恰好是藏历火龙年，所以这次盛会又被称为“火龙年大法会”。以此为标志，藏传佛教进入了后弘期。由于阿底峡的驻锡和火龙年大法会的召开，也使托林寺蜚声全藏，成为中世纪西藏的名寺。

据史书载，托林寺是仿照桑耶寺建造（相传桑耶寺是以印度飞行寺为蓝本），故寺名取其空中飞翔永不坠落之意。

·看点提示·

托林寺“三宝”：一是麋鹿角，据传是印度高僧阿底峡从印度带来；二是象牙制的五佛冠（象征五智圆满之德），据说是托林寺第一任堪布流传下来，为历任托林寺法台在佛事活动中所必戴，是庄严的标志；三是一块黑色的大卵石，上面凹进一个清晰的脚印，据说是阿底峡大师留下来的脚印，十分神圣。

托林寺原有规模较大，包括朗巴朗则拉康、拉康噶波、杜康等三座大殿和巴尔祖拉康、玛尼拉康、吐基拉康、乃举拉康、强巴拉康、贡康、却巴康等近十座中小殿堂，以及堪布私邸、僧舍、经堂、佛塔、塔墙等建筑，占地面积约2600平方米。由于历史原因，寺院遭到不同程度的破坏，又加上“文化大革命”时的毁坏，最后保存较好的仅有三座大殿和一些佛塔。

朗巴朗则拉康，意为“遍知如来殿”，在三座大殿中年代最早，其形制特殊，结构完整，设计巧妙。整体建筑坐西朝东，分内外圈。内圈有中心大殿和四座分

托林寺无量佛塔下的转经道

殿，中心大殿呈四方形，四周回廊与四个分殿相连。大殿内供有坛城和如来佛像。外圈有10多个殿堂，中间殿堂有转经道。外围的四角建有四塔，塔高13米，形体别致，以红砖砌成，塔基、塔身、塔刹各占三分之一。

杜康大殿位于寺东南端，由经堂、护法殿、僧舍、库房、厨房等建筑构成。该殿东宽西窄，呈“凸”形，护法殿面宽5间，进深4间，共20间；经堂面宽7间，进深4间，共28间，殿堂绘满了壁画，挂满了唐卡。

拉康噶波（白殿），位于杜康东北，坐北朝南，为正方形。北面中间突出一小佛殿，为凸形，是典型的藏区佛寺建筑。殿内有立柱42根，中间10多根较粗大，两侧20多根布局整齐，大殿里也有很多精致的壁画。

托林寺周围现存各种大小佛塔83座、塔墙2道，大部分集中在寺院西北侧的平地上。佛塔内有大量模制的小泥像和小泥塔，泥像中有佛、菩萨、度母、天王等，属于13世纪以前的精品。

托林寺所供奉的三世佛等佛像

托林寺所绘龙女像壁画

托林寺大厨房

托林寺主供的释迦牟尼佛塑像

托林寺白殿风格独特的大白伞盖佛母像壁画

1997年，国家文物局对西藏阿里古格王国都城遗址和托林寺的文物进行抢救性保护工作，承担这项考古发掘调查工作的陕西省考古队专家发现，托林寺朗巴朗则拉康（萨迦殿）是一座依照佛教密宗教义、仪轨建造的曼荼罗式建筑，其平面呈多棱“亚”字形，由中心五殿、周围十九殿，以及四周的塔和环绕转经道组成。它结构严谨、组合复杂，东西长63米，南北宽58米，建筑面积达2100平方米。其壁画十分丰富，佛教创始人释迦牟尼的生平故事12幅壁画残部，是世界上这类题材的第四种版本。还有一批木雕造像、铜铸和铜皮錾刻的造像等，以及佛经残页的部分遗物，表明它具有印度北部及克什米尔的佛教艺术风格。这为研究沉睡荒野逾

托林寺萨迦殿废墟全景

300年的古格王国遗址的早期历史和西藏西部佛教状况，提供了重要的文物资料。

近年来，托林寺经过不断重修，主殿已恢复原样，可以看出其设计布局基本是依照桑耶寺的样子。主体建筑象征须弥山，四面的高塔象征四大护法金刚。其现存主要文物有释迦牟尼佛铜像、观音菩萨银像和噶当派铜塔等。

17世纪，七世达赖喇嘛格桑嘉措把托林寺改为色拉寺仓吉扎仓下属分院，并派遣赤钦阿旺（1677—1739）为托林寺法台。从此，色拉寺开始每3年定期向托林寺派遣轮换共18人的法台和僧侣。

1996年，托林寺被国务院列为全国重点文物保护单位。该寺现约有僧侣10人。

千年名刹

——普兰科迦寺

科迦寺位于西藏阿里地区普兰县科迦乡科迦村，与百千米远的冈仁波齐神山同在普兰县境内，是著名的神山和名刹。

科迦寺最早属藏传佛教噶当派，后改宗为萨迦派寺院。科迦寺，因藏语“定居”之意而得名。

·看点提示·

科迦寺所在的科迦村，每年藏历二月十一日至十五日有一个独具风趣的男人节。节前，由村中有威望的老人集资操办，规定好每家所要提供的米面、酥油、肉类和柴草数量。过节当天，村里从18岁至最年长的男人都如皇帝般被侍候着，至高无上。所有男人都会集中在科迦寺门口广场，喝酒看戏，妇女儿童只能站着围观。每家轮流委派女人为男人们倒酒上菜，直至过完节日。节日一过，男女则平等相处。

多种宗教所崇拜的著名神山——冈仁波齐峰。它与科迦寺都在普兰县境内，是著名的神山和名刹

996年，吐蕃大译师仁钦桑布主持修建了科迦寺，并在西藏阿里地区和尼泊尔佛教界产生深远影响。

另有重要一说，科迦寺为古格王科热所建。据《西藏王统记》等史书记载，12世纪初，吐蕃赞普后裔古格王科热信奉佛教，用7大包银两请尼泊尔和克什米尔工匠在中尼边境协噶尔（今定日县所在地），铸造了一尊世间罕见的文殊菩萨像。用车运回王宫途中，在杰玛塘被有着神奇传说的圣石所阻，相传菩萨像开口说“科迦、科迦”（意为依附或扎根于此），故科热王遂命围绕圣石建造了造型奇特的殿堂，将文殊菩萨像供于殿内圣石之上，成为科迦寺最早的建筑。拉德王时，用大量珍贵珠宝和白银为此像制作了30朵莲花的宝座，并为寺院修建了大经堂，还举行了大规模的开光庆典。贡德王执政时期，帮助寺院制作银质的金刚持（金刚手菩萨）和观世音菩萨像，供于莲花宝座两端，形成科迦寺有名的“三至尊”。

科迦寺主供的文殊菩萨铜像

后来历世古格王及其后裔陆续为该寺添置佛像、经书和供器，维修或建设殿堂，使该寺文物不断丰富，除已提及的之外，还有古格王朝时期的金制度母像、铜制释迦牟尼像，以及《甘珠尔》《丹珠尔》大藏经，整套《释迦五祖遗训》等。

由于科迦寺地处喜马拉雅山南麓，紧邻尼泊尔和印度，为外国游客进入普兰县前往冈仁波齐神山必经之路，经常有尼泊尔游客光着脚、提着小桶来这里朝拜。作为千年名刹，田园风光似的科迦寺，一直以来是异域游客心中的朝圣之地。

另据记载，先有科迦寺后有科迦村，村因寺而得名。由于早期的西藏寺院受邻国印度的影响，科迦寺不是建在后期远离村庄的山坡上，而是建在山下的平地上。

一位尼泊尔边民在朝拜科迦寺

科迦寺外景

科迦寺古朴的早期门饰

科迦寺占地面积5800多平方米，建筑面积2000余平方米，寺内留存有许多早期木构件、壁画及佛像。

科迦寺主要建筑为觉康和百柱殿。觉康位于寺南部，面朝北；百柱殿位于寺西部，面朝东。两殿前有空间不大的广场，广场中部有水井、高大的玛尼杆（经旗杆）和煨桑香炉，广场四周墙壁上建墙廊，置转经筒，是该寺进行宗教活动、民间庆典活动的聚集地。寺院建筑周围还有转经道和供奉着刻有经文佛像的玛尼石堆。

科迦寺历史上曾遭上部霍尔（西蒙古）军队的洗劫。其军队闯入科迦寺大经堂，抢走了镶嵌在至尊文殊菩萨像上的松耳石、珊瑚、琥珀，以及银制双垂璎珞、金刚铃、金刚杵等法器和珍

科迦寺的《调象图》壁画

科迦寺转经道和供奉的刻有经文佛像的玛尼石堆

贵的银汁经函等文物。“文化大革命”期间，科迦寺再遭破坏，部分建筑被毁，殿内塑像、壁画受损严重。2008年，国家拨款1500万元分期对科迦寺按照修旧如旧、保持原貌的原则，进行了全面修复。

科迦寺因其悠久的历史、寺内所珍藏的珍贵文物以及精美的壁画于2001年被国务院列为全国重点文物保护单位。该寺现有僧侣10多人。

王朝遗存
——阿里古格寺

·看点提示·

古格寺的佛教艺术吸收、融合，创新了来自印度、尼泊尔、克什米尔、西域，甚至中亚等国的佛教艺术，其残留的泥塑佛像和众多彩色壁画，不仅在藏族艺术史上占有极其重要的地位，而且也是研究西藏历史和10世纪以来藏族建筑史的无比珍贵的资料。

古格寺是古格王朝遗址的重要遗存。它位于西藏阿里地区札达县扎布让村象泉河南岸的古格王国遗址地的一座约300米高的密布洞窟的黄土山上。

据史料记载，9世纪中叶，吐蕃王朝崩散，部分王室后人逃往阿里，建立了三个小王国，其中德祖衮在10世纪前后，建立了包括古格寺在内的古格王朝。

这个王朝鼎盛一时，拥有10万之众，仅僧人就有5000多人。它不仅统一了西部阿里高原，还

远眺山顶和山坡上的古格寺建筑

将拉达克地区也归并在统治之下。直至1630年，以安夺德传教士为代表的基督教介入，导致王室与臣民之间发生激烈斗争，拉达克军乘虚而入，致使这个传承了16代国王、历时700多载的王朝宣告结束。

古格王国都城主体遗址建筑依山而起，层层叠砌，直推山顶，组成雄伟的建筑群落。其间有房屋遗迹445座，有如蜂房密布的洞窟879孔，各类佛塔28座。主体建筑集中在土山的东面，民用住房和洞窟主要集中在下部，寺院多集中于山腰中部。顶部为一孤崖构成的王宫区，土山内筑有四通八达的暗道，内有暗堡，外有围墙，构成便于民生而易于防守的完整古代建筑体系。遗址总占地面积达18万平方米。

在这片遗址中，最为突出的建筑应属寺院，现仅存六处。山顶上的是坛城殿，山坡台地上是红殿和白殿，高低错落的度母殿和护法神殿，山坡西北侧是高耸的佛塔。其整个寺院经历藏传佛教后弘期盛世，属于藏传佛教格鲁派寺院。

古格寺红色建筑和残墙，以及四通八达的山道

古格寺白殿坐北朝南，建在山腰最下层，面积300余平方米，殿中有36根方形立柱，前殿原有雕塑23尊，现存残像11躯，像座19座。白殿残存的塑像是四面本尊佛母和彩绘像座，是白殿遗存的精华之一，其塑像面部造型呈现出雍容华贵的典雅和端庄，像座更是造型丰富、图案华丽。塑像背光四周残留有大量精美壁画，天棚顶有彩绘天花图案和藻井，组成以青蓝色调为主，既古朴又富丽的绘画，突出的绘画有古格王及王子等肖像和星宿天宫图等。白殿的后殿呈凸形，主佛塑像现已不存在。以佛传故事为主体的壁画是绘画的精华。它们除表现有释迦牟尼佛的主要成就外，还有生动的祭祀庆典世俗场面。白殿壁画为古格绘画的早期遗存，时间在9—10世纪。

古格寺红殿坐西朝东，位于白殿西南上方，面积300余平方米，有30根方形立柱，一字排开的塑像仅存基座，东面和南北两面的壁画以浓艳的红色调和华丽

古格寺所绘的尊胜佛母像壁画。她有三面六臂。主尊的肤色都是白色的，额上又生一眼，头上梳着高髻，戴花冠

的图案而著名。壁画内容除高大的佛、菩萨和主尊神像外，还有佛传故事和祭祀庆典长卷。长达10余米的祭祀庆典图是红殿经典壁画之一，从世俗的庆典到王室、大臣众僧礼佛，将古格盛世的繁荣景象渲染得淋漓尽致。红殿最珍贵的壁画是南墙左边的一幅故事图，壁画生动地展现了迎请古印度著名佛学家阿底峡尊者入藏的历史场面。画中有人击鼓吹号，有人策马向前，一队舞女在旁舞蹈，一些侍女正在摆设供桌。古格王和王后及臣民们并排而坐，国王和王后的座前是一尊无量寿佛，他们背后坐着一排排臣民。四周挂着许多彩球。这幅画的下边画有修建寺院及古格都城时的劳动场景。古格王宫建在山顶上，是国王和王妃所住的宫室，每间12～18平方米。山顶最南边的是王朝的集会议事大厅，面积约400平方米。据传，王宫内最早也绘有佛教壁画，但以上建筑现在只存残墙断壁了。

坛城殿是古格王国中的重要佛殿之一，建于遗址山顶部，面积约25平方米，墙厚55厘米，门道宽1.35米。堂内的菱形藻井和伸出墙外的飞檐上均雕刻花草及各种动物图案。殿内中间有置放转经筒的方

面积约300平方米的古格寺红殿遗存

古格寺红殿的天井和彩绘

古格寺充满异域风格的壁画

台。四周墙上绘有色彩鲜艳的壁画。主要内容是反映净土思想和地狱轮回思想。例如净土极乐界中的佛、菩萨、飞天等，以及地狱里惨受各种刑罚的人和魔鬼。

古格寺院遗址，除以上介绍的白殿、红殿、坛城殿之外，还有三座较大的残存佛塔，一座塔基为方形，名为朗杰曲登，意为胜利塔；一座塔基为圆形，名为拉波曲登，意为降神塔，两座塔均高5米左右。第三座塔也是圆形塔基，残高1米，似印度婆罗尼斯塔。

古格寺院的围墙边下还残存了许多石刻佛像、护法神像和石刻六字真言。

古格寺残存的古塔

这座包括古格寺在内的规模宏伟、面积浩大的高原古城，不仅为研究西藏历史，而且为研究中国古代建筑提供了重要的实物资料。1961年，古格王国遗址被国务院列为全国首批重点文物保护单位。1985年和1997年，国家先后两次对古格王国遗址进行抢救性保护。2011年，国家又启动了历史上最大规模的古格王国都城遗址维修保护工程，总投资超过5700万元。

洞中所藏的佛像玛尼石

除了国家投资维修保护外，在最近的20多年里，古格的保护还离不开古格王国遗址管理站4名管理人员的努力。他们晚上对遗址进行巡视，白天则负责管理大殿及担当导游。

多元宗教共存现象

西藏宗教虽以藏传佛教为主，但也有少量的伊斯兰教和天主教存在。

就其伊斯兰教而言，它约11世纪传入西藏，1716年在拉萨建成了第一座清真寺。目前西藏有穆斯林4000多人，有清真寺四座（拉萨市两座、日喀则市和昌都市各一座）。他们大多居住在拉萨市，其生活习俗已接近藏族，而且大多讲藏语。

就其天主教而言，西藏境内天主教于17世纪先后传入西藏阿里等地区，但真正立足的是19世纪传入西

拉萨穆斯林在拉萨清真大寺里做祷告

藏昌都盐井的天主教会，即昌都市芒康县纳西乡上盐井村天主教堂，约有560名藏族天主教徒。穆斯林和天主教徒今天在西藏与藏传佛教信徒一样，享有充分的宗教信仰自由，并与之和谐相处，共同发展进步。

盐井天主教堂远景

盐井天主教堂做弥撒（桑杰扎西摄）

后记

在西藏旅行，人们不时地会看到各种规模不等、风格各异的寺院。不论是在珠穆朗玛峰脚下的绒布寺，还是在拉萨香烟缭绕的大昭寺，那一座座气势恢宏、形式多样、色彩鲜艳的寺院，总是给人留下难以抹去的深刻印象。

众所周知，藏传佛教对西藏政治、经济、文化、教育、生活习俗等诸多方面均有着深远的影响，而这种影响最直观的载体之一就是寺院。例如教育，旧西藏时寺院即学校、僧人即教师、佛经即教材。此外，绘画、雕塑、建筑、音乐等方面，既是文化产业发展的重要资源，又是很重要的旅游资源。因此，今天我们对寺院的游历可称得上是一种“校园游”，或是一种“艺术大观游”。

毋庸置疑，今天的西藏取得了举世瞩目的成就，尤其是现代教育已经完全取代了西藏的寺院教育、私塾教育，西藏各项事业翻天覆地，书写了“短短几十年，跨越上千年”的惊人变化。不过，作为藏民族文化特质一部分的寺院文化仍具有重大的学术价值，值得进一步研究。

由我所拍摄和撰写的《雪域古寺》一书，就是想对这一领域进行些肤浅的探索，借此抛砖引玉，以推动对西藏佛教文化，乃至对藏族文化的传播和研究工作。

此书尽量用简明通俗的文字和精美的图片把西藏佛教的发展过程和现状勾勒出一个轮廓，并讲清不同教派寺院的历史文化特点、发展现状、宗教仪轨、师承源流等特点，力求以这部图文并茂、较为全面介绍西藏主要寺院的书籍，给予希望了解西藏寺院和希望走进这个神秘世界的读者有所帮助，这也是我一直所努力的终极目标。

应该说，这是一部我用30多年所摄西藏，足迹遍布雪域高原众多寺院的心血结晶。借此机会，我首先要感谢现任中国佛教协会副秘书长桑吉扎西和原任中国佛教协会西藏分会办公室副主任、佛协印经院主任尼玛。因为我们三人曾在20多年前为中国佛教协会的《中华佛教二千年》大型画册，一同跋山涉水，历经艰辛，为此书留下了许多弥足珍贵的历史图片。

其次，我要感谢帮助我修改和审读书稿文字部分的我国藏学家安才旦；感谢新华社高级记者程云杰的鼎力相助；感谢《中国西藏》杂志社周爱民老师为此书出版所给予的大力支持和帮助；感谢我参考、借鉴和采用了大量历史学家、考古专家和现代学者的有关佳作、研究成果和文献资料而从未谋过面的许多老师。

正是由于许多人的知识和智慧、共同的创造和付出，此书才得以诞生。我愿把这部书奉献给所有读者，并真诚希望这本书成为所有读者了解西藏寺院的一个窗口。

唐召明

2021年1月于北京